나를 찾아가는

소설
쓰기
수업

나를 찾아가는 소설 쓰기 수업

소설 창작, 무작정 따라 하기―학생과 교사가 직접 쓴 소설 수록

초판 1쇄 발행 2024년 12월 16일

지은이　최용석 정윤혜
펴낸이　이영선
책임편집　김선정

편집　이일규 김선정 김문정 김종훈 이민재 이현정
디자인　김회량 위수연
독자본부　김일신 손미경 정혜영 김연수 김민수 박정래 김인환

펴낸곳 서해문집 | 출판등록 1989년 3월 16일(제406-2005-000047호)
주소 경기도 파주시 광인사길 217(파주출판도시)
전화 (031)955-7470 | 팩스 (031)955-7469
홈페이지 www.booksea.co.kr | 이메일 shmj21@hanmail.net

ⓒ 최용석 정윤혜, 2024
ISBN 979-11-94413-16-5　03370

" 사 람 은　누 구 나
이 야 기 를　산 다 "

나를 찾아가는
소설 쓰기 수업

소설 창작, 무작정 따라 하기 — 학생과 교사가 직접 쓴 소설 수록

최용석 · 정윤혜 지음

서해문집

머
리
말

창작 단원은 제7차 교육과정에서 처음 교과서에 들어왔다. 우리 는 그 단원의 집필자였다. 이때만 하더라도 창작 활동은 문학 읽기 교육과정의 부수적 활동 가운데 하나일 뿐이었다. 그러다 보니 우리가 만든 교과서의 본문과 학습 활동은 창작 활동을 시도하려는 교사에게 만족스러운 자료가 되지 못했다.

이 책은 그 아쉬움으로부터 시작되었다. 단순히 경험을 길게 쓰면 소설 비슷한 무엇이 될 것이라는 어설프고 불친절한 생각을 반성하면서, 일단 따라 하기만 하면 소설이 되는 실질적인 방법을 찾는 데 시간과 노력을 기울였다. 학생들이 소설 쓰기를 해야 하는 이유는 그때나 지금이나 크게 변한 것이 없지만, 소설을 쓰는 과정과 그 과정에서 해야 하는 일에 대한 생각은 처음 이 일을 시작할 때와는 달라졌다.

이렇게 변화되어온 소설 쓰기 방법을 동료 선생님 및 소설을 쓰고 싶은 사람과 나누고 싶은 마음도 커졌다. 이를 위해 씨앗이 될 이야기를 찾는 방법을 고민했으며, 다양한 질문과 장치로 그 씨앗을 발아시켜 이야기의 폭과 깊이를 확장할 수 있도록 방법을 모색했다. 소설을 쓰며 자신이 어떤 사람인지 알아챌 수 있는 기회를 가질 수 있도록, 소설 쓰기가 결국 자신을 찾아가는 과정이 되도록 구조화하고자 했다.

이 책에 제시된 수업 과정과 결과물은 우리의 30년 교육 경험을 기반으로 한다. 특히 수업 사례는 경복고등학교, 경동고등학교 학생들과 문학 수업 시간에 진행한 창작 수업의 결과를 정리하고 재구성한 것이 그 중심을 이룬다. 변화된 수업 과정을 이 두 학교에서 적용해보고자 했기 때문이다.

끝으로 이 수업에 참여한 학생들, 같이 고민을 나누어준 동료 국어 선생님들, 그리고 훌륭한 문장과 통찰로 우리의 삶을 풍요롭게 해준 소설가들, 소설을 어떻게 지도해야 하는지에 대해 합리적이고 논리적인 근거를 제공해준 연구자들에게도 두루 감사드린다.

2024년 11월
최용석, 정윤혜

차
례

제1부

소설 쓰기 수업

제2부

세상에 하나뿐인 나만의 이야기
학생·교사가 쓴 소설 모음

소설

1

쓰기 수업

왜, 소설
쓰기 수업
일까

학생들에게 소설을 쓰게 하는 이유는 무엇일까? 한두 명의 위대한 소설가를 발굴·양성하기 위한 조기교육은 물론 아니다. 쓰고 싶은 이야기도, 표현하고 싶은 욕구도 없는, 매사에 시큰둥하고 남을 이해하기에는 능력이나 여력도 부족한, 더욱이 자신을 찾아간다는 것이 어떤 의미인지도 모르는 학생들에게 그냥 소설을 읽히자는 것도 아니고 소설을 쓰게 하겠다니. 도대체 왜?

하나, 이야기 본능
'사람은 누구나 이야기를 산다'

사람은 누구나 이야기를 살고 있으며 이야기를 통해 살아간다. 이야기를 생산한다는 것은 특별한 누군가만의 일이 아니다. 모든 사람이 살아가는 방식이며 살아가기 위해 반드시 해야 하는 일이다. 이야기를 생산하고 공유하고 전수하는 것은 인간의 본능적인 자질이다.

또한 사람은 자신을 둘러싼 세계에서 일어나는 많은 사건을 '인식의 틀'인 이야기로 이해하려는 경향이 있다. 이야기로 구성되기 어려운 실체와 사건은 이해도 전달도 쉽지 않다는 뜻이다. 이야기는 자신과 세계를 연결하는 중요한 매개체이며, 전대(前代)의 의미 있고 가치 있는 유산을 다음 세대에 전달하는 중요한 방법이다.

따라서 소설 쓰기 교육은 작가를 키우는 특별한 교육이 아니라, 사람이 살아가는 방식의 하나로서 인간의 서사 욕구와 연결되는 본능적인 자질을 계발하는 일이다.

둘, 응시와 발견
소설은 '왜'라는 물음에 답을 찾아가는 여정

내가 만약 회반죽이 잘못 발라진 벽에 무언가를 쓰고 있다가 그 벽을 본다면, 먼저 그 벽이 융기와 홈으로 흉터가 나 있다는 것을 발견하게 될 것이다. 만약 내가 일어나서 그 융기들 중의 하나를 좀 더 가까이 관찰한다면, 나는 그 융기의 결이 마치 비바람에 씻긴 산악지대를 공중에서 내려다보는 것과 비슷하게 보인다는 것을 발견하게 될 것이다. 그 융기의 뾰족한 부분들 중의 하나를 세밀하게 관찰한다면, 나는 그 작은 뾰족한 부분의 경사면이 말라버린 페인트로 인해 주름이 져 있다는 것을 발견할 수 있을 것이다. 그 틈을 현미경으로 본다면, 그 틈의 가장자리가 울퉁불퉁하다는 것을 발견하게 될 것이다. 전자 현미경을 사용하면 울퉁불퉁한 곳들이 페인트 분자들로 이루어져 있다는 것을 볼 수 있을 것이다. 이런 과정은 계속될 수 있다. 그리고 이 벽은 바로 내가 평면의 일부로 생각하려 했던 그 벽이다!

– 루디 러커, 《사고 혁명》(열린책들, 2001), 200쪽.

평면인 줄 알았던 회반죽벽을 자세히 들여다보니 수많은 홈과 울퉁불퉁한 융기로 이루어져 있었다. 인간과 세계도 자세히 들여다보면 유연한 소통 또는 잦은 불화가 만들어내는 수많은 융기와 홈으로 가득하다. 소설 쓰기는 그것을 발견하려는 시도이며, 인간과 세계가 안고 있는 불화의 앞뒷면을 발견하고 그 접점이나 해결점을 모색하는 일이기도 하다. 특히 사람은 소설을 읽거나 쓰면서 이해와 오해가 낳은 행과 불행을 간접적으로 경험한다. 직접 겪거나 눈물 나는 비싼 대가를 치르지 않고도 이웃의 현명하기도 때론 어리석기도 한 선택을 배운다. 그리고 소설 속 인물의 삶을 엿보며 그 안에서 내 친구를, 우리 가족을, 그리고 나 자신까지 발견한다.

소설은 삶에 대한 관심과 그로부터 파생된 의문에서 시작한다. 작가는 삶의 사소한 부분도 그냥 놓쳐버리지 않고 삶에 대해 문제의식을 가지고 접근한다. 이는 작가가 '왜'라는 물음을 던지며 눈에 보이지 않는 사물의 숨겨진 면모를 보려고 노력한다는 뜻이다.

소설은 이 '왜'라는 물음에 답을 찾아가는 여정이다. 소설이 얼마나 치밀한 계산 아래 전개되느냐의 여부는 작가가 이 물음에 얼마나 설득력 있게 답하느냐에 달려 있다. 이때 작가가 던진 물음에 독자도 호응하며 함께 문제의 해결책을 모색해 나간다면 더할 나위 없을 것이다.

셋, 사물을 바라보는 관점
다르게 생각해보기

A와 B가 싸움을 한다고 가정합시다. 그 싸움을 A의 친구와 B의 친구가 구경한다고 생각해봅시다. 나중에 이 싸움에 대해서 A가 이야기를 할 때 그 내용은 어떤 것일까요? 이 싸움에 대해서 B가 이야기한다면 그 내용은 A가 한 이야기와 어떻게 다를까요? A의 친구가 이야기한다면? B의 친구가 이야기한다면?

우리는 이 이야기의 내용이 서술자에 따라 각각 차이를 보이리라는 점을 짐작할 수 있습니다. 여기에 A나 B와 아무런 상관도 없이 그 싸움을 구경한 C라는 인물이 그 싸움에 대해 이야기할 때 그 내용은 또 어떤 차이를 보일까요? C가 초등학교만 마친 사람이라고 한다면, 그를 대학을 졸업한 사람이라 했을 때와 어떤 차이가 나타날까요?

비근한 예를 들었지만, 관점이란 이런 것입니다. 똑같은 사건이라 할지라도 관점에 따라, 이야기하는 방법뿐만 아니라 이야기의 내용, 나아가서는 이야기 자체가 달라집니다.

– 최인석,《소설 쓰기의 첫걸음》(북하우스, 2003), 73쪽.

일상은 갈등의 연속이다. 일상에서 마주하는 갈등을 해결하려면 먼저 스스로 평정심을 유지하고 찬찬히 그 갈등을 들여다보아야 한다. 하지만 이는 쉽지 않다. 상대방에 대한 편견, 선입견, 오해, 애증 등 다양한 생각과 감정으로 인해 사람이나 사건을 있는 그대로 보기가 쉽지 않기 때문이다. 소설 쓰기를 통해 우리는 소설 속 다양한 인물이 되어볼 수 있다. 처지를 바꾸어 다르게 생각해보는 데서 생기는 새로운 각성은 일상에서는 쉽게 얻지 못하는 뜻있는 수확이다. 그 수확이 고스란히 일상에 적용되어 나와 갈등을 겪는 사람의 처지에 대해 생각해보는 노력으로 이어진다면, 삶의 갈등을 해소할 힌트를 발견하는 데도 도움을 받을 수 있을 것이다.

넷, 표현의 욕구, 창작의 즐거움
힘듦을 즐긴다는 것

인간에게는 표현 욕구가 있다. 자신이 알고 있는 것이나 자신의 생각을 남에게 들려주고 싶은 욕구가 그것이다. 이 욕구는 문자를 해득한 사람에게는 글쓰기의 욕구로 이어진다. 하지만 자신의 생각이나 의도를 충분히 표현하기란 쉬운 일이 아니며, 무엇인가를 만들어내는 것은 그 자체로 힘든 일이다. 문학 창작도 마찬가지다.

훌륭한 시인이나 작가에게도 글쓰기는 힘든 정신적 노동이다. 하물며 어린 학생에게는 더 말할 필요도 없다. 그래서 우리는 더 잘할 수 있는 방법을 배우고 연습하는 것이다. 연습하지 않고 잘할 수 있는 일은 세상에 없다. 한 편의 시를 10년에 걸쳐 쓰기도 하고, 어떤 소설가는 단편 소설 한 편을 쓰기 위해 자신의 키를 넘는 분량의 원고지를 글로 채우기도 한다. '소설은 머리로 쓰는 것이 아니라 엉덩이로 쓴다'는 말이 있다. 창작의 과정이 창의적인 일이기도 하지만 꾸준한 노력과 인내를 쏟지 않으면 이룰 수 없는 고된 노동이라는 뜻이기도 하다.

하지만 창작의 과정이나 그 결과가 괴로움만 있다면 아무도 그 일을 하지 않을 것이다. 매일 숨이 차게 달리기를 하는 사람에게 '달리는 일이 고통스럽기만 한가'를 물어보라. 아마도 그는 힘든 것을 보상하는 즐거움이나 그 이상의 무엇이 있음을 말해줄 것이다. 창작도 그러한 매력을 지니고 있다. 이처럼 글쓰기를 잘하고 좋아하게 된 사람은 창작 연습의 힘든 과정을 기꺼이 즐긴 사람이다.

사소한 일상에서 자칫 지나쳐버릴 수 있는 삶의 진실을 아름다운 언어로 포착하는 일이나, 매력 넘치고 아름다운 주인공을 등장시켜 새로운 삶을 만들어보는 이야기 창작 과정은 그 자체로 즐거움이다. 내 마음을 정말 잘 표현한 글, 남에게 보여주면 칭찬을 들을 것 같은 글, 그래서 더욱 다른 사람에게 보여주고 싶은 글을 쓰는 과정에서 느끼는 즐거움은 각별하다.

글을 다 쓴 뒤에 자신의 결실을 보는 즐거움 또한 만만찮다. 힘들게 키운 농작물과 애지중지 보살핀 화초 그리고 자랑스럽게 자란 자식을 보는 듯한 뿌듯함이 있을 것이다. 어떤 작가는 "주인공은 실제로는 없지만 내 마음속에는 살아 있다. 나는 이야기를 쓰는 기간 내내 주인공과 함께 울고 함께 웃었다"라고 말한다. 창작품이란 창작자에겐 비록 그것이 고슴도치의 가시일지라도 함함한 법이다.

다섯, 자아 찾기 교육
내 삶을 주체적으로 바라보기

"작품의 이야기를 다시 학습자의 경험으로 치환해 읽고 삶에 적용하게 하는 과정"'이 문학 교육이라고 여기는 관점이 있다. '작품에 대한 교육'에서 '자아에 대한 교육'으로 문학 교육의 영역을 확대하는 것인데, 이는 읽기 활동이나 감상 능력 향상 등 '수용' 중심의 문학 교육에서 벗어나 '생산'을 문학 교육의 핵심으로 확장한다는 의미를 지닌다.

이러한 순환적 성찰의 과정은 인간의 의식과 활동이 불가분의 관계이며, 인간의 심리적·정서적 발달이 그가 경험하는 외적인 활동이 내면화되면서 생겨난다는 개념을 그 바탕으로 한다. 특히 이론 학습보다 '활동'을 통해 내면화되는 특징이 있다. 의도적으로 조직하고 계획한 '활동'을 통해 인간은 사회적 경험을 내면화하고 정신적 발달을 이룰 수 있다는 뜻이다.

소설 쓰기의 전 과정을 겪으며 스스로 소설의 생산자가 되어보는 경험은 자신의 삶을 주체적으로 바라보는 계기가 될 수 있다. 자신의 삶에서 일어난 사건에 스스로 의미를 부여하고 문제의 해결책을 고민함으로써 삶의 주도권이 누구도 아닌 바로 자신에게 있다는 것을 깨닫는 기회도 될 수 있다. 이는 소설 쓰기 교육이 자아를 탐색하는 데 적합한 과정임을 보여준다.

결국 소설을 쓰는 일은 '나는 누구인가, 나는 어떻게 살아야 하는가, 세상은 어떤 곳인가'라는 물음을 자신과 세상에 던지고 그 답을 모색해가는 과정인 셈이다.

소설 쓰기 수업, 어떻게 시작할까

X

마음 준비

02

소설 쓰기 수업의 설계에서 가장 중요한 것은 창작의 결과물이 나올 수 있는 정교한 수업 활동을 제시하는 것이다. 물론 이것은 삶에 대한 성찰이라는 문학 교육의 목표를 구현하기에 적합한 활동이어야 하며, 소설이라는 갈래에 대한 이해도 높일 수 있어야 한다. 이러한 수업이 되기 위해서는 활동 구성이 소설 갈래에 대한 이해를 바탕으로 이루어져야 하며, 창작 활동의 노하우도 반드시 제시되어야 한다.

물론 소설 창작에 특별한 방법이 있다는 것은 아니다. 하지만 그렇다고 해서 구체적인 방법에 대한 고민까지도 하지 말아야 한다는 뜻도 아니다. 그러므로 찾아갈 수 있는 여러 갈래의 길을 안내하고 이를 응용해서 다양한 방법으로 목표에 도달할 기회를 주어야 한다.

찾는 방법에 정답이 있는 것이 아니며, 정답이라고 해도 하나만 있는 것도 아니다. 완당 김정희의 말처럼 "난을 치는 방법이 있다는 것도 불가(不可)하지만 없다고 하는 것 또한 불가하다"라는 말이 이를 대변한다.

그러므로 이 책에서 제시하는 소설 쓰기 방법은 좀 더 나은 방법을 향해 놓는 디딤돌 중 하나에 불과하다. 또한 이 방법을 사용하다 보면 그 효용성이나 적절성에 대한 평가가 이루어질 것이고, 그 과정에서 문학 교육과 창작 수업에 맞는 더 나은 방안이 고안될 수 있다고 생각한다.

이를 위해 검토해야 하는 것은 소재와 주제 찾기, 인물 및 배경 설정, 사건 구성 등이다. 어느 하나라도 소홀히 해서는 소설이라는 구조물이 완성될 수 없다. 특히 각각이 서로 적절하게 연결되어 개연성을 획득할 수 있는 구조물이 되도록 섬세한 설계가 필요하다.

그런데 창작 과정을 세분화하고 복잡하게 조직하는 것에 이의를 제기하는 연구자도 있다. 이런 복잡하고 어려운 과정을 통해 소설을 쓰는 사람이 없다는 이유에서다. 그럼에도 창작 교육의 대상이 재능을 가진 특별한 사람이 아닌 글쓰기에 서툰 학생이라는 점은 충분히 고려되어야 한다. 작가는 창작 과정에서 이런 분절적 연습 과정을 거치지 않은 것처럼 보이지만, 작품 읽기나 습작 과정에서 부지불식중에 익힌 것으로 보는 것이 더 타당하다. 따라서 작품 읽기도 충분하지 않고 글쓰기 연습도 제대로 되어 있지 않은 학생들을 위해서는 분절적 요소의 '구분 동작 연습' 같은 과정이 필요하다.

이야기의 씨앗, 아직은 알 수 없는
'어떤 무엇'

그렇다면 소설 창작을 위해 어떤 활동을 우선으로 해야 할까. 실제 소설가의 글이나 창작 이론 연구자가 쓴 논문에서는 대부분 '주제 정하기'를 창작 활동의 첫 번째라고 말한다. 주제가 명확히 설정된 상태에서 이야기를 구성해야만 불필요한 이야기가 가지를 치지 않고 일관성 있는 이야기가 전개된다는 것이다.[2] 일관성 있고 통일성 있게 글을 쓰려면 먼저 주제를 설정하는 것이 적절한 순서라는 주장이다.

그러나 이러한 주장은 그 타당성과는 별개로 현장 교사의 한결같은 질문에 직면하게 된다. 주제는 어떻게 설정하는 것인가, 그 구체적 방법은 무엇인가, 어떻게 하면 주제가 명확해지는가, 주제는 한마디로 표현할 수 있는 것인가 등의 질문이다. 이러한 질문을 마주하면 주제를 먼저 설정해야 한다는 선입견에 대해서 재검토가 필요하다는 생각이 든다. 학생들이 자신의 경험을 바탕으로 하여 허구의 이야기를 구성하는 일은 꼭 주제의식이 있어서 시작되는 것이 아니기 때문이다.

그러므로 학생들이 소설을 쓸 때 가장 먼저 해야 할 일은 어떤 상황이나 감정에 대한 '공감하기'를 통한 포착, 즉 소설의 실마리인 이야깃거리와 그와 연관된 감정을 들여다보는 일이다. 학생들이 쓰려고 하는 것은 자신도 그것이 무엇인지 모르는 어떤 이야기의 씨앗, 학생들의 머리와 가슴에서 꿈틀거리고 있어서 주제라고 하기에는 아직 모자란 '어떤 무엇'일 뿐 구체적이지 않은 경우가 많기 때문이다.

모호한 상태지만 그 '어떤 무엇'을 포착했다면, 다룰 사건과 그에 따른 감정에 개연성을 부여하는 일이 필요하다. 그 과정에서 생겨난 의문에 답하며 이야기의 실체에 접근하게 되고, 하고 싶은 말이 구체화된다.

이 책에는 학습자가 소설 쓰기의 각 과정을 확인하고 다음 활동으로 이어갈 수 있도록 구체적인 안내 이정표를 세워주고, 길을 잃지 않고 원하는 글을 완결할 수 있도록 실질적인 활동을 담았다.

다만 교과 수업 중에 이 과정을 모두 소화하기는 어려울 수 있다. 무작정 수업 시간을 늘릴 수도 없는 일이기 때문이다. 따라서 이 책에서 제시한 여러 활동 중 교사가 그 취지에 충분히 공감할 수 있는 활동을 선별해 학생들에게 적용할 것을 추천한다. 또한 이 책에서 제시한 활동에서 영감을 받아 또 다른 활동을 스스로 기획할 수 있다면 더할 나위 없을 것이다.

중요한 것은 교사 스스로, 소설 쓰기가 시간을 할애해도 좋을 만한, 해볼 만한, 의미 있는 활동이라고 느껴야 한다. 그러한 마음은 고스란히 학생에게도 전달된다. 학생들이 소설을 쓸 때도 이는 마찬가지다. 도전해보고 성취하고 싶은 동기와 목표가 있어야 인물 간의 갈등을 해소하고자 끝까지 밀고 나갈 힘이 생기고, 그래야 소설의 완결을 볼 수 있다. 그런 점에서 교사가 소설의 전 과정을 직접 따라 해보면서 소설 한 편을 창작해볼 것을 권한다.

소설 쓰기의 미덕을 이해하고 학생들의 소설 쓰기 지도방법을 익히는 데는 교사 스스로 소설을 써보는 것보다 더 좋은 방법은 없다. 특히 교사 스스로 이야기 만들기에 관심을 가지고, 이 활동의 과정과 결과물이 문학 교육에 도움이 된다고생각하는 것은 중요하다. 그런 점에서 교사가 소설의 전 과정을 직접 따라 해보면서 소설 한 편을 창작해볼 것을 권한다.

소설 쓰기의 문턱을
낮추려면

수업은 다양한 상황의 변수에 쉽게 흔들리기에 아무리 준비가 잘된 교사라도 학급을 달리하면 수업의 수준과 질이 달라진다. 수업은 교사와 학생뿐만 아니라 시간과 공간 그리고 기타 분위기 등이 어우러져 만들어지는 유기적 결과물이기 때문이다.

수업의 핵심 요소로 가장 공을 들여야 할 부분 중 하나는 수업 전 학생들에게 학습 동기를 부여하는 일이다. 새로운 수업을 시작할 때 느닷없이 들이미는 수업 자료는 학생들의 공감을 불러일으키기 어려울 뿐 아니라, 목표한 학습으로 이어지지 않을 확률이 높다. 이는 학생들에게 학습하고자 하는 동기가 생기지 않았기 때문이다.

그러므로 소설 쓰기 수업 전에 학생들의 마음 준비, 즉 환기(喚起) 활동을 해야 한다. 소설은 누구나 쓸 수 있으며 학생 자신도 쓸 이야기가 있다는 마음을 가지게 해야 한다. 그렇지 않으면 제대로 된 소설을 기대하기 어렵다. 아무리 잘 준비된 수업이라도 학습 동기가 없는 학생들을 가르쳐서 수업의 목표를 달성하기란 쉽지 않기 때문이다.

글 쓰는 것을 두려워하는 학생들에게 소설을 쓰라고 하면 당연히 겁부터 먹을 것이다. 우선 소설 쓰기에 대한 학생들의 거부감과 부담감을 누그러뜨리는 데는《회색 인간》으로 잘 알려진 김동식 작가의 인터뷰 영상 같은 자료가 효과적이었다. 이 자료는 전문적으로 글쓰기를 배우지 못한 노동자가 소설가로 변모하는 과정을 담은 것이다. 무언가 쓰고 싶은 마음이 차고 넘쳐 무작정 인터넷에서 글쓰기를 시작했다는 작가는 댓글을 통해 맞춤법을 배우고 글 쓰는 방법을 처음 익혔다고 한다. 이 영상을 본 학생들의 소감[3]을 통해 학생들이 기존에 가지고 있던 창작에 대한 선입견이 어떤 것인지를 확인할 수 있었다.

학생 1. 소설 쓰기 같은 것은 똑똑하고 배운 사람들이나 하는 것인 줄로 알았다. 하지만 이 영상을 보고, 학교를 나오지 않아도 충분히 글을 잘 쓸 수 있다는 걸 알았다. 김동식의 경우는 독자의 인정으로 소설가가 됐다.

학생 2. 원래 소설은 한번 아이디어가 떠오르면 그 자리에서 바로 쓰는 것인 줄 알았는데 영상을 보고 나니 그 아이디어를 수없이 고치고 다듬어야 소설을 쓸 수 있다는 것을 알게 됐다.

학생 3. 글솜씨가 좋아야 하고 뭔가 타고난 감이 있어야만 쓸 수 있다고 생각했었는데 이분의 이야기를 들으니 내가 틀에 박힌 편견을 가졌었다는 생각이 들었다. 글은 남녀노소 누구나 쓸 수 있다는 것을 알았다.

학생 4. 소설을 쓰는 것이 굉장히 어렵고 심오한 것이라고 생각했다. 소설을 쓸 때에 가장 중요한 것은 맞춤법, 논리력, 글솜씨가 아니라 어떠한 주제에 대해 다른 사람들이 공감할 수 있도록 마음에서 우러나온 글을 쓰는 것이라는 생각이 들었다.

학생들의 소감에 따르면, 우선 지금까지 그들이 생각하던 소설은 글솜씨가 있는 특별한 사람이 일필휘지로 만든 특별한 무엇이었다. 하지만 이 영상을 계기로 창작이 전문가만의 영역이 아니며, 글을 쓰고 싶은 사람은 누구나 문학 창작에 도전할 수 있음을 학생들은 이해하게 되었다.

둘째, 학생들에게 또래가 쓴 소설인 김두필의 〈비누 인형〉과 그 제작 과정[4]을 읽혔다(제2부 170쪽과 181쪽 참고). 〈비누 인형〉은 대중가요의 노랫말과 글쓴이의 경험을 토대로 한 소설이다. 학생들에게 자신이 좋아하는 노래나 일상의 경험이 소설의 소재가 될 수 있다는 것을 보여주는 사례로 활용했다. 무엇보다 또래 친구의 소설을 읽고 나도 소설을 써볼 수 있다는 자신감을 가지기를 바랐다. 그리고 제작 과정 인터뷰를 통해 어떤 과정을 거쳐 소설이 탄생하게 됐는지 그 뒷이야기를 살피면서 소설 쓰기에 대한 감각을 익힐 수 있기를 기대했다.

셋째, 교사가 직접 쓴 소설을 보여주는 방법도 있다. 학창 시절 친구 사이에 있었던 사연을 다룬 최용석의 〈돋보기 영호〉나 정윤혜의 〈노린재〉는 교사가 학생과 같이 쓴 소설이다(제2부 202쪽과 223쪽 참고). 〈돋보기 영호〉는 한 친구의 진심을 오해한 사건을 통해 어린 시절의 순수함을 다시 바라보게 된 이야기이고, 〈노린재〉는 누군가의 마음에 상처를 낸 일은 고스란히 자신에게도 상처로 남는다는 것을 보여주는 소설이다. 소설 쓰기의 전 과정을 따라 해보면 정말로 소설이 완성될 수 있는지 가늠하기 위해 학생들처럼 써보았던 교사의 소설들이다. 소재를 어떻게 만나는지, 주제는 어떻게 구체화되는지, 인물 간의 갈등은 어떻게 그려지는지를 교사가 직접 경험한 덕에 학생들에게 소설을 써보자고 용기 있게 권할 수 있었다.

넷째, 학생들이 공감할 만한 일상 속 에피소드를 다룬 기성 작가의 짧은 소설을 읽히는 방법도 있다. 그 예로, 교과서 수록 작품인 성석제의 〈처삼촌 묘 벌초하기〉는 A4 용지 두 장이 채 안 되는 콩트라서 학생들도 부담 없이 읽었다. 소설 속 주인공이 구겨진 자존심을 세우고자 고군분투하는 과정과 그에 따른 심리 변화가 학생들의 공감을 불러일으키기에 충분했다. 처가의 선산 벌초는 학생들에게 다소 낯선 소재지만, 소설의 주인공처럼 애를 써도 남이 알아주지 않아 씁쓸했던 경험은 누구에게나 있기 마련이다. 이처럼 인간의 보편적인 정서를 다룬다면, 군이 소설의 소재로 친구나 성적 등 청소년과 관련된 것을 다루지 않더라도 학생들이 충분히 공감할 수 있을 것이다.

'써보고 싶다'는 마음이 들게 하려면

지금까지 제시한 방법 외에도, 우리 옛이야기나 그리스·로마 신화, 아라비안나이트 같은 무궁무진한 이야기의 세계를 구수한 입담으로 펼쳐내 학생들의 관심을 끌어낼 수도 있고, 영화나 드라마를 그 소재로 이용할 수도 있다. 교사가 자신이 읽었던 소설 중 가장 재미있었던 작품을 들려주며 소설 창작의 동기를 부여해도 효과가 있다. 중학교 시절 선생님께 들었던 안톤 체호프의 〈내기〉라는 소설을 학생들에게 들려주기도 했다. 교육은 전 세대로부터 받았던 인상적이거나 좋았던 경험을 다음 세대에게 물려주는 일이라는 말이 맞는 것 같았다.

대학교 소설 창작 수업 시간에 교수님이 들려주었던 콩트 한 편도 소설 쓰기에 앞서 소개하곤 했다. 당시 교수님이 칠판에 '남자와 여자가(인물) 기차역에서(배경) 만났다(사건)'라는 문장을 쓰며, 콩트를 쓰라는 과제를 내주었다. 교수님은 과제물 중 가장 잘 쓴 콩트라며 어느 학생의 글을 읽어주었는데, 인물과 배경과 사건이 잘 어우러진 반전 있는 콩트 한 편이 오래 기억에 남아 있다.

간이역에서 몇 시간째 한 남자가 누군가를 기다리고 있다. 역무원은 대합실에 홀로 남은 남자에게 마지막 기차를 안내하며, 그에게 누구를 기다리는지 묻는다. 남자는 자신의 사연을 역무원에게 들려준다. 사랑하는 여인과 어쩔 수 없는 사정으로 헤어지게 됐는데, 훗날 서로를 기억한다면 이곳에서 다시 만나자고 약속했다는 것이다. 하지만 약속 시간이 되어도 그녀가 오지 않는 것으로 보아 자신을 잊은 것 같다며 씁쓸해한다. 마지막 기차가 떠나고 실망한 남자가 역을 떠나려는 순간, '흑' 하는 여인의 울음 섞인 소리가 들린다. 돌아보니 한쪽 구석에서 떡을 팔고 있던 여인의 울음소리였다. 그녀는 남자가 대합실에 도착하기 전부터 고개를 떨군 채 떡을 팔고 있었다. 서서히 고개를 드는 그 여인은, 남자가 그토록 기다리던 바로 그 사람이었다.

특히 기차역에서 한 남자가 한 여자를 만난 이야기를 들려주며 소설을 써보자고 하면 학생들은 대체로 솔깃해했다. 그런 상상이라면 자신들도 도전해볼 수 있다고 느끼는 것 같았다. 이렇듯 소설 쓰기를 재미있게 여기고 한번 써보고 싶다는 마음을 가지게 하는 것이 무엇보다 중요하다. 누구나 마음속에는 한두 가지 하고 싶은 이야기, 해소되지 않은 감정이 있기 마련이다. 그 이야기나 감정을 따라가다 보면 누구나 한 편의 완결된 소설을 쓸 수 있을 것이다.

이야깃거리와의
운명적
만남
×
소재 찾기

작가가 소설의 소재를 선택하는 순간은 아주 오래전부터 준비
돼온 운명적 만남과도 같다. 인간과 세계에 대한 작가의 관점
과 수많은 체험이 방금 만난 소설의 소재와 순식간에 융합되고
증폭되어 새로운 이야기 속으로 빨려 들어가기 때문이다. 하근
찬의 〈수난이대〉는 이렇게 세상에 나오게 됐다.

　　잡상인들이란 대개가 상이군인이었다. 팔이 하나 없거나 다리
가 하나 떨어져 나갔거나 혹은 얼굴이 형편없이 뭉개져버린 그
런 상이군인들이 둘 또는 셋씩 패를 지어 다니며 물품을 강매했
다. 손 대신 쇠갈고리가 박힌 의수로 협박하듯 물건을 불쑥 내
밀며 사라는 데는 질리지 않을 도리가 없었다. 사주면 그만이지
만, 그렇다고 한두 번도 아닌데 번번이 살 수는 없는 노릇이었
다. 학생 신분인데 무슨 돈이 그렇게 있겠는가. 그러나 안 산다
고 그냥 고개만 내저었다가는 야단이다.

"우리가 누굴 위해 이렇게 됐는지 모르갔수?"

쇠갈고리가 눈앞으로 다가드는 것이다. 그러니 더럽지만 그저, '미안합니다. 미안합니다' 해야 한다.

아무튼 그런 분위기의 기차 안에서 나는 〈수난이대〉의 모티브를 얻었던 것이다.

당장 눈앞에 대하면 불쾌하고 저항을 느끼게 하는 상이군인들이지만, 그러나 가만히 생각해보면 그게 아니었다. 그것은 어떤 전율과 분노를 자아내게 하기에 충분한 것이었다. 그 인간 파편 같은 상이군인들의 모습에서 전쟁이라는 괴물의 수법을 볼 수 있었고, 그 잔인하고 거대한 괴물의 그림자 속에서 발버둥치는 무고한 민중의 모습을 실감할 수가 있었다. 그리고 나아가서는 이 땅과 이 겨레의 운명 같은 것을 느낄 수도 있는 것 같았다.

(중략)

그 신기료장수는 다리 한쪽이 무릎 밑으로는 잘려 나간 불구자였다. 하나밖에 없던 아들은 이번 2차 대전에 죽었다는 것이다. 그리고 자기는 1차 대전 때 이렇게 다리 하나를 잘려버렸다면서, 그 무릎 위로만 남은 다리 토막을 끄덕 들어 보이며 허허허 웃더라는 것이다.

아들은 2차 대전에 죽고, 아버지는 1차 대전에 다리가 하나 잘려 나가고―옳지, 바로 이것이구나 싶었다. 이것이야말로 바로 우리의 경우에도 딱 들어맞는 이야기가 아닌가, 2대에 걸친 수난―그것은 유럽의 경우보다도 어쩌면 우리의 경우에 더 절실하게 들어맞는 이야기인 것 같았다. 이 땅과 이 겨레의 암담한 운명을 상징할 수 있는 주제였다.

– 하근찬 외,《소설, 나는 이렇게 썼다》(평민사, 1999), 51쪽.

학생들에게 소설의 소재를 찾으라고 하면, 당장 어떻게 해야 하느냐며 난감해한다. 소설의 소재는 명확하게 잡히는 이 야깃거리라기보다는 아직은 모호한 어떤 이야기의 씨앗과도 같기 때문이다. 그러다 보니 어떻게 찾아야 하는지 모를 수밖에 없다.

소재를 찾기 위한
마중물

소재를 찾는 방법 중 대표적인 예로 브레인스토밍(자유 연상)이나 마인드맵 등이 있다. 다만 이러한 방식도 구체적이고 섬세하게 설계해야 한다. '자유 연상'을 한다고 바로 소재를 찾을 수 있는 것은 아니기 때문이다. 마중물을 부어야 한다. 마중물을 부어 물을 퍼 올리는 재래식 펌프처럼, 의식 아래에 숨어 있는 내면의 이야기를 끌어낼 물 한 바가지가 필요하다.

그런데 여기서도 문제는 남는다. 마중물은 그냥 물 한 바가지면 되는데, 소설의 소재를 길어 올릴 물 한 바가지는 무엇이냐는 점이다. 또 물만 부으면 되느냐는 것도 문제다. 물을 붓고 열심히 펌프질을 해야 한 바가지의 물은 말 그대로 마중물이 되는데, 이야기의 소재를 길어 올리는 데 마중물은 뭐고 펌프질은 또 뭐란 말인가? 이야깃거리가 넘쳐나는 학생에게 마중물 같은 장치는 필요 없다. 하지만 대부분의 학생은 자신이 무엇을 길어 올려야 하는지조차 알지 못한다. 이를 위해 비계(飛階, Scaffolding), 즉 다음 단계를 위한 발판이 필요하다.

소설의 소재를 찾는 방법으로 '개요 선택형'과 '모방 자료 제시형'이라는 방법을 고안했다. 첫째, '개요 선택형'은 또래 학생들의 자료를 제시하여 학생들이 그와 비슷한 경험을 스스로 떠올리게 하는 방법이다. 둘째, '모방 자료 제시형'은 '개요 선택형'만으로는 자신만의 이야깃거리를 찾기 어려워하는 학생들을 위해 마련한 방법이다. 구체적인 상황을 짐작할 수 있는 그림이나 사진을 보여주고, 이면의 감추어진 서사를 상상하게 하는 활동이다.

'개요 선택형'이나 '모방 자료 제시형'처럼 학생들이 이야깃거리를 찾을 수 있도록 교사가 직접 마중물을 부어주는 방법도 있지만, 학생들이 직접 신문과 뉴스를 통해 시의성 있는 사건을 찾아 글쓰기의 영감을 받을 수도 있다. 《그 쳇물 쓰지 마라》(수오서재, 2016)는 제페토라는 닉네임을 가진 인터넷 사용자의 인터넷 뉴스 댓글을 모은 책으로, '악플'이 범람하는 세태 속에서 독자에게 큰 울림을 주었다. 각 사건에 대한 글쓴이의 생각과 감정이 시 형식의 짧은 구문으로 표현되어 한 편의 문학 작품을 보는 듯한 느낌을 독자에게 선사한다. 이처럼 시의성 있는 사건을 활용한 글쓰기는 타자와 사회에 대한 관심이라는 소설 교육의 목표에도 부합하며, 인간과 사회를 이해하는 데도 도움을 준다.

'개요 선택형'
타인의 경험에 공감해보기

'개요 선택형' 수업 모형은 인간의 공감 능력을 활용한 방법이다. 공감은 세상의 주파수와 자신의 주파수가 어떤 지점에서 공진하는지를 살피는 일이다.

윤흥길의 소설 〈기억 속의 들꽃〉으로 문학 수업을 했을 때의 일이다. 단원을 마칠 무렵 학생들에게 잊히지 않고 '들꽃'처럼 떠오르는 기억으로 수필을 쓰도록 했다. 오래 기억한다는 것은 대체로 자신에게 특별히 의미 있는 일이며, 자신만이 쓸 수 있는 이야깃거리라고 여겼기 때문이다.

어렸을 때 부모님이 형만 좋아한다고 생각했다. 나에게는 다들 무관심하다고 생각했다. 그래서 부모님과 형을 놀래주려고 저녁밥을 먹고 식탁 밑에 숨었다. 깜박 잠이 들었다고 생각했는데 주위가 깜깜했다. 새벽이었다. 아무도 나를 찾지 않은 것이다. 다들 내가 방에서 잔다고 생각한 모양이었다. 나는 무섭고 서글펐다. 식탁 밑에서 나와서 방으로 들어가서 잤다. 그 일에 대해 어느 누구에게도 말하지 않았다.

- <어린 시절 최초의 기억>

<어린 시절 최초의 기억>을 쓴 학생은 자신에게 그런 기억이 있었는지 글을 쓰며 깨닫게 됐다고 했다. 가족에게 섭섭했던 감정이 기억의 깊숙한 곳에 숨어 있었다는 사실에 스스로도 놀라워했다.

나는 우리 학교 3학년인 오빠를 좋아했다. 다른 선배 언니나 오빠들은 모두 내가 그 오빠를 좋아한다는 사실을 알고 있었지만, 정작 그 오빠는 내 마음을 모르는 것 같았다. 나는 큰 욕심은 없었고 오빠를 자주 보거나 가까이 지낼 수 있는 기회가 오기만을 바랐다. 그러나 오빠와 가까이 있을 기회는 쉽게 오지 않았다. 그러던 어느 날 그 오빠가 매점에 왔다. 나는 얼른 매점 뒤로 숨었다. 그 오빠는 내 친구에게 다가가 500원을 주면서 음료수를 사달라고 부탁하는 것이었다. 나는 오빠가 보지 않는 틈에 얼른 내 친구에게 뛰어갔다. 그리고 호주머니에서 내 돈 500원을 꺼내 그 오빠가 준 500원과 바꿨다. 그러고는 500원을 손에 꼭 쥐고 반으로 달려왔다. 그 순간만큼은 아

무엇도 부럽지 않았다. 정말 세상을 다 가진 기분이었다. 학교가 끝나고 집으로 돌아와서 조그마한 지퍼백에 그 500원을 넣고 그 오빠의 이름을 마음에 새겨 넣었다. 지금 생각해보면 유치하기 짝이 없지만 아직도 소중히 간직하고 있는 물건 중 하나, 내 기억 속의 잊지 못할 500원이다.

- <500원>

나는 공포 영화를 못 본다. 심하기가 어느 정도냐면 옛날에 아이들이 자꾸 공포 영화를 보게 해서 기절한 척까지 했던 나다. 그런데 절친한 친구가 놀려서 공포 영화를 처음부터 끝까지 봤다. 무서운 장면이 나올 때마다 거의 기절 직전의 오리처럼 눈을 반쯤 감았다. 그때의 그 내용은 죽어서도 못 잊을 것 같다. 어찌나 무서운지 오줌을 바지에 삼천 번은 더 싼 것같이 땀에 흠뻑 젖었다. 세상이 무섭다는 말이 꼭 공포 영화 때문에 생긴 말인 것 같다. 나는 지금도 공포 영화를 보지 않는다. 무서워서만은 아니다. 굳이 공포 영화를 보지 않아도 되기 때문이다. 왜냐하면 나는 세상 자체가 무섭다. 뉴스만 틀어도 '살인마, 생매장'처럼 저주받은 단어들이 수도 없이 나오는 이 세상이 무섭다.

- <공포 영화와의 싸움>

〈어린 시절 최초의 기억〉이나 〈500원〉은 〈공포 영화와의 싸움〉보다 구체적 사건에 연관된 인물 간의 관계와 그것에서 비롯된 감정이 잘 드러나는 글이다. 그러다 보니 소설적 상상력을 더해 사건을 확장하여 한 편의 소설을 만들기에 적당하다.

먼저 〈기억 속의 들꽃〉을 배우고 나서 학생들이 쓴 수필을 정리해 '개요 선택형' 활동지를 만들었다. 학생들의 기억에 잊히지 않는 사건이나 감정은 대체로 또래 학생들도 겪었거나 겪을 법한 것으로 학생들의 공감을 사기에 적당했다.

다음으로, 학생들에게 '개요 선택형' 활동지를 검토하여 공감이 가는 것을 골라보도록 했다. 그리고 이와 유사한 자신의 이야기나 이로부터 영감을 받은 이야기를 써보도록 했다. 글을 쓸 때는 '나'를 등장시킨 '사건'을 쓰도록 했다. 처음 소설을 쓰는 학생들이 쓸 수 있는 것은 바로 '나' 자신인 경우가 많아서였고, '사건'이 담겨 있어야 소설화하는 데 용이하기 때문이다. 소설가의 데뷔작 중에 젊은 시절의 고백서를 연상케 하는 작품을 종종 볼 수 있는데, 이는 소설을 시작하는 사람의 상당수가 안으로부터 차고 넘치는 '나' 자신의 지독한 경험을 소설화하고 싶은 욕구 때문이라고 한다.

이야깃거리 찾기 – 개요 선택형

학생들이 쓴 수필의 내용을 정리한 것이다. 공감 가는 친구의 경험이나 감정에 동그라미를 쳐보자.

미련	비싸서 못 산 신발 만나고 싶었는데 만나지 못했던 사람
부끄러움	자신 또는 가족의 실수나 잘못으로 주변 사람들 앞에서 창피를 당했던 일 몰래 답을 고친 일
원망	할머니를 모시는 문제로 불거진 아버지와 큰아버지 간의 큰 싸움
감사	선생님이 자신의 다친 상처를 직접 치료해주었던 일
미안함	친구 또는 가족에게 잘못했던 일
미움	친구가 내 욕을 하고 다닌 일
사랑	좋아하던 여학생에게 말도 걸어보지 못했던 일
그리움	키웠던 개가 죽은 일 전학 간 친구와 멀어진 일
동정심	제대로 못 먹어 마른 고양이나 개를 본 일
책임감	학급에서 회장을 맡은 일 동생을 챙겨야 하는 맏딸의 책임감
가족애	아빠가 가방을 들어주었던 일 엄마 몰래 생일 선물을 준비한 일 어머니가 나의 수술비를 빌리려고 친척들에게 연락한 일
소외	친구를 따돌렸던 일 친구로부터 따돌림 받았던 일

억울, 분노	모르는 형들이 돈을 빼앗아갔던 일
슬픔	가족, 친구, 반려동물의 죽음을 곁에서 겪은 일
속상함	새 신발을 잃어버린 일
기쁨	동생이 태어난 일 짝사랑하던 애로부터 고백을 받은 일
이해	할머니께서 돌아가시기 직전 나를 다른 사람으로 오해하신 일
비굴	친구가 무서워서 그 친구를 따라다녀야만 했던 일 친구를 사귀고 싶어서 마음에 안 드는 친구에게 맞춰주었던 일
후회	자신의 잘못을 남에게 미루고 찜찜했던 일
오해	남의 돈인 줄 알고 썼는데 나중에 내 돈인 줄 알게 된 일 친구가 자신을 오해한 일
노력	친구보다 농구(공부)를 더 잘하기 위해 애쓴 일
황당함	전혀 엉뚱한 사람에게 좋아한다고 잘못 고백한 일
무관심	내가 식탁 밑에 숨어도 아무도 나를 찾지 않았던 일
모순된 감정	할아버지가 돌아가셨는데도 눈물이 나지 않았던 일
특이한 경험	나에게 일어났던 데자뷔(기시감, 처음 해보는 일이나 처음 보는 대상, 장소 따위가 낯설게 느껴지지 않는 현상)

1. 자신이 고른 친구의 사연 중, 이와 관련하여 떠오르는 자신의 경험이나 감정 등이 잘 드러나도록 '사건이 있는 나의 이야기'를 쓰시오.

[학생 예시 글 : 친구의 경험 – 새 신발을 잃어버린 일]

예전에 15만 원이 넘는 신발을 산 적이 있다. 난 신발을 아껴 신었는데 어느 날 그 신발을 자랑하고 싶어 학교에 신고 간 적이 있다. 그날은 애들에게 인기가 좋았다. 체육 시간 후 내 신발이 갑자기 사라졌다. 선생님께 말씀드려 신발을 찾으려고 했다. 그런데 그 순간 나는 너무나도 큰 충격을 받았다. 나의 제일 친한 친구의 신발주머니에 내 신발이 들어 있는 것이었다. 나는 그 신발로 친구를 때리고 싶었지만 참았다. 나는 선생님께 신발을 찾았다고 말씀드리고 그 신발을 신지 않고 집에 돌아왔다. 그러고는 그 신발을 구석에 처박아버렸다. 나와 그 친구의 관계를 멀어지게 했던 그 신발이 싫었기 때문이다.

---

2. 이 이야기에 등장하는 주인공의 감정은 어떻게 변화하는가?

~~~~~~

[학생 예시 글]

새로운 신발을 가지게 되어 기쁘다. → 친구들이 주변에 모여서 신발 구경을 하니 신이 난다. → 신발을 잃어버려 슬프고 당황스럽다. → 신발을 가져간 것이 나의 친구라니 화가 나고 속상하다. → 더 이상 신발을 보고 싶지도 않다.

이 활동을 통해 학생들은 선택한 개요와 관련하여 떠오른 기억이 여전히 자신에게 남아 있는 이유가 무엇인지, 그 기억을 둘러싸고 있는 감정의 결은 어떠한지를 살펴볼 수 있다. 특히 학생들이 떠올리는 감정은 기쁘거나 즐거운 것보다는 민망함, 속상함, 죄송함, 부끄러움 등의 불편했던 감정인 경우가 많았다. 학생들은 이러한 기억을 글로 쓰는 과정에서 그 상황을 객관적으로 들여다볼 기회를 가질 수 있다.

'모방 자료 제시형'
그림이나 사진 속에 감춰진 사건 상상해보기

다른 친구의 경험으로부터도 자신의 이야기를 떠올리지 못하는 학생들이 있다. 이들에게는 시각 자료를 제시하는 것도 효과적이다. 이때 제시되는 시각 자료는 시의성 있는 신문 기사나 뉴스 영상이 아니라, 일상 속 사건을 연상하게 하는 그림이나 사진이 적합하다. 학생들에게 그림이나 사진 속 인물이 겪는 상황을 상상해 글로 옮겨보라고 안내한다. 이 활동을 위해서는 '누가, 언제, 어디서, 무엇을, 어떻게, 왜'라는 육하원칙을 적용해 쉽게 상황을 추론할 수 있는 그림이나 사진이 적당하다.

이야기를 구성하기 좋은 네 컷 만화도 유용하다. 실제로 필자의 대학 시절 소설 창작 수업 시간에 교수님이 네 컷 만화

로 짧은 콩트를 만들라고 했던 경험이 있다. 하나의 그림보다
만화의 전개를 바탕으로 이야기를 만드는 것이 이야기를 상상
하기에 수월하고 재미있었다.

이야깃거리 찾기 – 모방 자료 제시형

다음 네 컷 만화를 보고 그에 걸맞은 이야기를 상상해보자.

1. 네 컷 만화에 어울리는 '사건이 있는 나의 이야기'를 만들어보자.

[네 컷 만화에 대한 교사의 예시 글]

얼마 전 할아버지가 돌아가셔서 밤새도록 우느라 잠을 자지 못
했다. 충혈된 눈으로 겨우 수업을 들으려고 애썼지만 평소에도

어려워하는 일본어 회화 수업 시간이어서 집중이 잘 안 된다. 할아버지 생각이 나서 눈물이 날 것 같아, 주변에서 누가 볼까 봐 고개를 숙였다. 그러다 나도 모르는 사이에 잠 속으로 빠져들어갔다. 꼭 할아버지를 꿈속에서 본 것만 같았다. 며칠 동안 학교에 못 온 내 사정을 선생님도 아셔서인지 나를 깨우지도 않으신다. 오래 잔 것 같은데도 5분밖에 시간이 흐르지 않았다. 집에 가고 싶다.

2. 이 이야기에 등장하는 주인공의 감정은 어떻게 변화하는가?

[네 컷 만화에 대한 교사의 예시 글]
할아버지가 돌아가셔서 슬프다. → 혹시라도 울까 봐, 남이 볼까 봐 걱정된다. → 잠을 못 자서 너무 피곤하다. → 할아버지가 보고 싶고 그립다. → 집에 가고 싶다.

이야깃거리를 찾기 위한 '개요 선택형'이나 '모방 자료 제시형' 활동 중에 인물의 정서적 변화를 짐작해보는 물음이 왜 필요한지 의문을 가질 수 있을 것이다. 이야깃거리를 찾는 일이 곧 주제를 환기하는 일이라는 측면에서 볼 때, 인물들이 사건에 대응하는 태도나 인물들의 정서적 변화는 이야깃거리를 이루는 핵심 요소이자 소설에서 말하고자 하는 주제와 밀접한 관련이 있기 때문이다.

있을 법한,
그럴듯한
×
개연성
만들기

04

우리는 우연히 사람을 만나고, 우연히 여러 가지 사건에 얽혀 희로애락을 경험한다. 이를 반대로 생각해볼 수도 있다. 우리는 어떤 필연적 이유로 사람을 만나고, 그들과 맺는 관계 속에 내재된 필연적 이유로 만들어진 사건 속에서 희로애락을 경험한다고 말이다. 이렇듯 사람의 삶은 우연과 필연이라고 느껴지는 순간으로 가득 차 있다. 자신이 딛고 있는 곳도, 자신이 만나는 사람도, 자신이 겪는 일도 우연과 필연이 만들어낸 결과물이다.

그렇다면 소설은 어떨까? 소설은 개연성(蓋然性)이 있어야 한다는데, 그럼 '개연성'이란 무엇일까? '개연'이란 연속된 두 사건에서 앞의 사건에 기초하여 다음 사건이 일어난 것임을 증명할 수 있는 상태를 뜻한다. 이어지는 A와 B 두 사건이 인과관계를 유지하고 있다는 뜻으로, 필연과 우연 사이 어느 지점에 있는 가능성의 세계를 말한다. 확실하게 단정을 지을 수는 없지만 대개 그럴 것이라고 생각되는 상태, '있음 직하다', '있을 법하다', '그럴듯하다'의 세계다. 여기서는 개연성 있는 사건 구성과 인물의 설정, 상황에 걸맞은 그럴듯한 배경을 만드는 활동을 해보자.

개연성 있는 사건
연속된 사건의 인과 관계

'개연성 만들기'는 이야기 속의 우연적 요소를 제거하고 개연성을 부여하는 연습이다. 예시로 제시된 활동을 통해 우연 같은 실제 사건이 일어나게 된 과정을 논리적·합리적으로 접근해보고 추리해볼 수 있다. 그 과정에서 사건을 맥락 있게 엮고, 과학적 사실이나 학문적 지식 등을 동원해 인과 관계를 만들어볼 수 있다.

'개연성 만들기' 활동에서 주의할 점은 '개연성을 높이기 위한 조건'이다. 고층 아파트에서 아이가 떨어지는 상황이나, 떨어지는 아이를 아이의 엄마가 받아서 살린다는 이야기는 쉽게 납득이 안 간다. 이 이야기가 개연성을 획득하려면 다양한 조건을 섬세하게 짚어야 한다. 아무 생각 없이 아이를 두고 밖으로 나온 엄마가 어찌 된 사연인지도 모르게 베란다에서 떨어진 자신의 아이를 받아서 살리는 이야기라면 독자를 설득하기 힘들다.

이처럼 사건에 개연성을 불어넣는 연습을 통해 소설이라는 갈래에 대한 이해도 높이고 체계적이고 논리적으로 사고하는 습관도 얻을 수 있을 것이다.

개연성 만들기 - 사건

어느 날 어느 곳의 고층 아파트 14층 베란다에서 두 살 난 어린아이가 떨어진다. 그러나 그 밑을 지나가던 그 어린아이의 어머니가 떨어지는 아이를 받아낸다. 그 어머니가 약간 다쳤을 뿐 어린아이는 말짱했다.

이것은 실제로 있었던 일이다(현실에서는 그 이상의 기적도 많이 일어난다). 있었던 일이기 때문에 사람들은 다소 놀라긴 하지만 별반 의문을 제기하지 않는다. 그 어린아이가 어떻게 떨어지게 됐는지, 그 엄마는 어떻게 그 밑에 있을 수 있었는지, 또는 실제로 14층에서 가볍게 떨어지는 갓난아이를 받아낸다는 것이 정말 가능한 것인지…… 등의 의문이 제기될 수 있지만, 사람들은 그런 것에 별로 신경을 쓰지 않아도 된다. 실제로 일어난 엄연한 사실이기 때문이다.

그러나 어느 작가가 그 사건을 콩트나 소설로 썼다고 하면 그야말로 거짓말쟁이란 비난을 면치 못할 것이 분명하다. 그 이야기는 '있을 수 없는 일'로, 소설에서는 있을 수 없는 일이 일어나서는 결코 안 되기 때문이다. 독자들은 소설 속의 우연성을 용서하지 않는다. 소설에서 구성이 필요한 이유가 바로 그것이다. 왜 그런 일이 있어났으며, 어떻게 그 어머니가 그 밑에 있을 수 있었는 가. 그것이 구성에서의 개연성의 문제인 것이다.

– 전상국, 《소설 쓰기 명강의》(문학사상, 2017), 118쪽.

• 엄마가 어떻게 자기 아이를 받을 수 있었는지, 누가 들어도 수긍이 가도록 이야기를 만들어보자. 단, 각각의 물음에 답하지 말고, 한 덩어리의 이야기로 써보자.

- 어린아이만 두고 엄마는 어디에 간 것일까?
- 집에 아무도 없는데 엄마가 어린아이만 두고 나간 이유는?
- 베란다에는 안전사고를 대비한 난간과 방충망이 설치되어 있는데, 어떻게 어린아이가 떨어졌을까?
- 만약 방충망이 열렸던 것이라면 그 이유는 무엇일까?
- 방충망이 열렸더라도 난간을 넘어서 아이가 떨어졌다면, 어떻게 아이가 그곳까지 올라간 것일까?
- 어린아이가 떨어질 때, 엄마는 어떻게 그 아래를 지나가게 됐을까?

[학생 예시 글 1]

날씨가 좋았다. 엄마는 아이의 오줌 지린 이불을 내다 말리려고 방충망을 열고 난간에 이불을 얹어놓았다. 그러고는 기다란 나무 주걱으로 이불을 털려고 하다가 그만 나무 주걱을 베란다 아래로 떨어뜨리고 말았다. 얼른 주워와야겠다는 생각을 한 엄마는 아이가 자는 것을 확인하고는 밖으로 나갔다. 그런데 바람 때문에 현관문이 큰 소리를 내면서 닫혔다. 그 소리에 아이는 잠에서 깨어났다. 엄마가 보이지 않자 아이는 열려 있는 베란다 쪽으로 다가왔다. 그러고는 이불을 얹어놓은 의자 위로 올라갔다가 중심을 잃고 베란다 아래로 떨어지고 말았다. 마침 아파트 화단에서 나무 주걱을 찾아 몸을 일으키던 엄마는 아이 걱정이 되어 자신의 집 베란다를 올려다보다가 떨어지는 아이를 받아낸다.

[학생 예시 글 2]

엄마가 장롱 정리를 하다가 뽀얗게 먼지가 묻은 아빠의 양복을 보게 됐다. 엄마는 양복을 털러 베란다로 나왔다. 그리고 베란다 문을 열고, 힘차게 양복을 털었다. 바로 그때 양복에서 돈이 떨어져 나와 날아가기 시작했다. 엄마는 당황했다. 그 돈은 아빠가 엄마 몰래 숨겨둔 비상금이었다. 그것을 엄마는 몰랐던 것이다. 후닥닥 밖으로 뛰어나간 엄마는 정신없이 돈을 주웠다. 아이는 기어서 베란다 쪽에 있는 미끄럼틀로 갔다. 미끄럼틀 위에 올라가니 밖에 엄마가 보였다. 엄마를 잘 보려고 몸을 기울이다가 그만 베란다 밖으로 떨어졌다. 돈을 다 줍고 허리를 펴던 엄마는 하늘에서 떨어지는 아이를 엉겁결에 받았다.

[학생 예시 글 3]

어느 날 엄마가 동네 친구들로부터 전화를 받았다. 함께 앞산에 등산을 가자는 것이다. 아이는 한번 자면 잘 깨지 않기 때문에 엄마는 육아 부담으로 인한 답답한 마음을 달래고 바람도 쏠 겸 친구들과 등산을 갔다. 자신의 아파트가 보이는 산 정상에 올라 '야호'를 외치자, 그 소리에 아파트에서 잠자던 아이가 잠에서 깼다. 엄마의 목소리에 이끌려 아이가 열린 창문 위로 올라와 엄마를 찾았다. 엄마는 산 정상에서 건너편 아파트의 창문 난간에 자신의 아이가 매달려 있는 모습을 보게 된다. 아이가 떨어지려는 찰나, 엄마는 황급히 산을 뛰어 내려가 떨어지는 아이를 받았다.

이 활동에 대한 [학생 예시 글 3]은 개연성이 확실히 떨어지는 사례였고, 1과 2의 경우도 아쉬운 부분이 있다. 1의 경우, 아이가 의자 위에 어떻게 올라갔는지, 떨어지는 아이를 어떻게 받아냈는지 등은 해결이 되지 않았다. 2의 경우도 14층에 있는 아이가 아래에 있는 엄마를 본다는 것은 설득력이 떨어진다. 조건을 촘촘히 고려하여 상황을 설정했다고 하나 여전히 허점이 있듯이, 사건의 개연성을 갖추는 것은 그렇게 만만한 일이 아니다.

개연성 있는 인물

'설명, 묘사, 대화, 행동'으로 숨을 불어넣다

소설가는 피노키오의 제페토 할아버지를 닮았다. 제페토 할아버지는 정성 들여 나무 인형을 깎는다. 외롭게 살아온 착한 할아버지를 가엾게 여긴 요정은 줄에 의지해 움직이던 나무 인형 피노키오에게 숨을 불어넣어 준다. 피노키오는 할아버지에게 재롱도 부리고 말벗도 되어준다.

그런데 일은 여기에서부터 시작된다. 더 이상 줄에 의지하지 않게 된 피노키오는 날이 갈수록 할아버지의 뜻을 거스른다. 혼자만의 꿍꿍이도 생기고, 할아버지의 걱정에도 고약한 사람들의 꾐에 빠져 할아버지를 떠나기까지 한다. 만들기는 할아버지가 했지만, 숨을 불어넣는 순간부터 줄에 의지한 인형이 아니라 그만의 우주를 지닌 피노키오가 된 것이다.

소설을 쓰게 된다면 피노키오를 애타게 바라보았을 제페토 할아버지에게 공감이 갈 것이다. 소설 속 인물은 소설가의 마음대로 움직이는 인형이 아니라 여러 상황과 관계 속에서 생각하고 움직이는 자율적 인물처럼 느껴지기 때문이다. 참으로 신기하고도 재미있는 착각이다. 물론 이것은 소설을 직접 써보지 않은 사람은 느끼기 어려운 소설 쓰기의 매력이다.

인물을 그리는 방법은 다양하지만 대체로 직접적 방법과 간접적 방법을 생각할 수 있겠다. 인물의 성격이나 그 심리를 직접 '설명'하는 방법과 그것을 간접적으로 '묘사'를 통해 보여주는 방법이 곧 그것이다.

"준태가 극히 이지적이며 매사 냉정한 데 비해 인우는 지나칠 만큼 감상적이다. 그러나 겉보기와는 달리 준태는 우직하며 단순하다. 그런 면에서 인우는 매우 교활한 편이다."

이것은 화자가 직접 두 사람의 성격을 대조적으로 '설명'한 것이다. 이 두 사람의 성격을 보다 간접적으로 '묘사'해보자.

"말하다가 죽은 조상귀신이라도 씌었는지 준태는 두 시간을 함께 있는 동안 묻는 말 외는 별로 입을 떼지 않았다. 그 대답이라는 것도 쌀쌀맞기 그지없고, 전혀 감정이 실려 있지 않은 죽은 낱말들만 골라 쓴다는 느낌이었다. 이에 비해 인우는 눈물부터 쏟았다. 복받치는 감정을 주체하지 못해 헉헉 흐느끼기까지 했다. 잡고 있던 철호의 손을 자신의 볼에 가져다 대며 그는 계속 떨리는 목소리로 말했다. 그러나 어느 순간 그는 남들이 눈치채지 않게 철호가 내어놓은 봉투를 눈가림으로 재어보는 일도 잊지 않았다."

– 전상국, 《소설 쓰기 명강의》(문학사상, 2017), 152쪽.

인물을 그리는 데는 성격과 심리를 직접 '설명'하는 방법과 '묘사'를 통해 간접적으로 보여주는 방법이 있다. '설명'과 '묘사'의 예시를 참고하여 인물을 그려보자. 이제 제시되는 활동은 한 인물의 외모나 성격을 그려보는 데 그치지 않고, 주변 인물 간의 관계를 고려해 인물을 만드는 연습이다.

다음의 '개연성 만들기 – 인물 1'의 사진에는 네 명의 아이가 등장한다. 그중 한 명인 '가운데 아이'를 중심으로 상상하며 그려보는 활동이다. 이때 다른 세 명과의 관계를 고려해야 하므로, 사진 속 상황 외에 인물들의 처지에 대한 이해도 필요하다.

학생들 중 상당수가 이 아이들의 가정 형편이 어렵다고 설정하였는데, 아마도 아이의 뒤에 보이는 낡은 집과 골목 때문인 것 같았다. 이렇듯 학생들에게 요구하지 않아도 학생들은 인물과 배경의 관계를 고려해 상황을 그려내는 것으로 나타났다. 배경이 골목이 아니라 아파트 놀이터였다면 어떤 인물을 그려넣을지 궁금해지는 대목이다.

개연성 만들기 – 인물 1

1. 인물 간의 관계를 고려하여 '가운데 웃고 있는 아이'를 중심으로 상상해보자. '설명'이나 '묘사'의 방법을 적절히 함께 활용하여 인물을 그려보자.

※ 김기찬, 《골목 안 풍경 30년》(눈빛, 2003), 표지

2. 인물 간의 관계를 표시하고 관련 내용을 상상해보자. (예) 친구, 자매 등

> 뒤에 있는 아이

> 업힌 아이   가운데 웃고 있는 아이   오른쪽 아이

[학생 예시 글 1]

아홉 살 난 여자아이로 이름은 동그라미, 이름처럼 동그란 얼굴에 항상 웃음을 달고 다닌다. 만나는 사람들마다 기분 좋아지게 하는 재주가 있다. 추석이라서 시골 친척집에 와 있다. 동그라미의 집은 아파트이기 때문에 이런 골목이 없다. 그래서 더 여기를 좋아하고, 꼬불꼬불한 골목들 사이로 아이들과 숨바꼭질을 하는 것을 즐거워한다. 동그라미는 친척집 아이를 업고 있고, 오른쪽 아이는 동그라미의 동생인데 자기도 업어달라고 조른다. 동그라미의 동생은 샘이 많다. 뒤에 서 있는 아이는 이 동

네 아이로 동그라미를 몇 번 본 적이 있다. 서울에서 온 동그라미의 말투가 재미있고 성격이 좋아 보여서 같이 놀고 싶은데 수줍어서 말도 못 꺼내고 지켜보기만 하고 있다.

[학생 예시 글 2]

이새싹, 나이는 열 살이다. 아빠가 사고로 돌아가신 뒤 엄마가 하루 종일 일하러 간 사이 두 동생을 돌본다. 이름처럼 푸르고 건강하고 밝게 자라는 아이다. 오른쪽은 바로 아래 동생으로 학교 갈 날만 기다리고 있는 일곱 살 난 여자아이고, 왼쪽은 막냇동생으로 다섯 살 난 남자아이다. 아직 혼자 신발도 신지 못해 맨발로 나가 놀면, 새싹이가 신발을 들고 나가 함께 데리고 놀아주다 업고 돌아오곤 한다. 뒤에서 쳐다보는 동네 아이는 새싹이의 웃는 모습을 좋아한다.

그리고 다음의 '개연성 만들기 - 인물 2'에 제시된 그림은 화가 박수근의 1960년 작 〈실직〉으로, 제시된 자료에 근거해 있을 법한 상황을 추론하는 연습이다. 두 인물의 모습과 '실직'이라는 제목의 의미를 연결해 인물에 대한 개연성 있는 정보를 만들어보는 활동이다. 특히 이 자료는 그림 속 인물들의 표정이 제대로 드러나지 않는다는 박수근 화백 특유의 화풍을 고려해, 인물들의 얼굴에 서릴 감정을 상상한다는 데 흥미로움이 있다.

또 '개연성 만들기 – 인물 3'은 학급에서 일어날 법한 문제 상황을 다루고 있으며, 제시된 인물의 성격에 걸맞은 대화를 만들어보는 활동이다.

학생들은 소설을 쓸 때 대화를 아예 쓰지 않거나, 소설 분량을 늘리기 위해 의미 없이 대화를 남발하기도 한다. 하지만 소설 속 대화는 인물의 성격을 가늠하게 하고 사건을 전개하는 데 도움을 주며 주제를 드러내는 데 중요한 도구다. 또한 인물 간의 대화를 그려내려면 상황에 대한 정확한 이해와 인물 간의 심리를 파악해야 가능하다. 인물 간의 대화를 만들어보는 연습은 드라마 대본, 시나리오, 희곡 등 다양한 매체의 글을 쓸 때 유용하게 적용할 수 있을 것이다.

개연성 만들기 - 인물 2

박수근의 그림 <실직>(1960) 속 두 인물의 모습을 보고, 바로 앞에 일어났을 법한 상황을 그려보자.

① 제목 <실직>을 고려할 것.

② 상황에 맞게 인물의 표정과 그에 담긴 감정도 상상할 것.

• 두 인물이 나눌 법한 '대화'를 만들어보자.

남자 1 : (앉아서)

남자 2 : (누워서)

남자 1 : (먼 산을 바라보며 시름에 겨운 눈빛으로)

남자 2 :

[학생 예시 글]

남자 1 : (앉아서) 무료 급식소 운영이 이번 달까지라고 하는데, 자네는 이제 어쩌려고 하나? 답답하지도 않아?

남자 2 : (누워서) 그렇게 걱정한다고 뭐 뾰족한 수가 있나? 그러니 잠이나 자두게.

남자 1 : (먼 산을 바라보며 시름에 겨운 눈빛으로) 팔자 좋은 소리
네. 급식소 운영도 문 닫으면 이런 쉼터도 곧 문을 닫는
다고!

남자 2 : 아직 내가 직장을 그만둔 것을 가족들도 모른다네. 그
렇지만 지금은 너무 지쳤어. 나중 일은 그때 가서 생각
할 거야.

개연성 만들기 – 인물 3

인물의 대화나 행동은 그 인물의 성격과 밀접한 연관을 가진다. '승지'는
어떤 성격의 아이일까 상상해보자. 모든 일에 입부터 내밀고 변명을 하
며 모든 책임을 남에게 미루는 아이인가, 책임감과 의협심*이 강한 아이
인가, 남의 눈치만 보는 아이인가, 자신의 의사를 전혀 표현하지 않는 아
이인가 등 학급에서 만나는 친구들의 성격을 떠올리자. 다음에 제시된
승지의 성격을 고려하여 승지와 담임선생님 간의 대화를 만들자. ①과
②에 들어갈 알맞은 대화를 넣어보자.

* 의협심 : 남의 어려움이나 억울함을 풀어주기 위해 제 몸을 희생하는 마음.

• **승지의 성격은 다음과 같다.**

자신의 생각을 논리적으로 펼 수 있고, 그것으로 남을 설득할 수 있다고
생각함. 쉽게 단정 짓지 않고 상대방과 소통해서 문제를 해결하고자 함.

문제 상황 : 아이들이 복도 쪽 창문 유리창이 깨졌다고 이야기를 했다. 담임선생님이 아이들에게 누가 깼느냐고 물어보니 아이들이 승지를 가리켰다.

담임 : 유리가 깨졌던 상황을 네가 가장 잘 아니까 당시 상황을 설명해보아라.

승지 : 그 당시 열 명쯤 되는 아이들이 창문 주위에 몰려 있었고 유리에도 금이 조금 가 있었어요. 제 자리가 그 유리에 가장 가까웠기 때문에 제가 유리창을 깼다고 다들 생각한 거예요. 물론 제가 가장 가까이 밀린 것은 맞아요.

담임 : 그래, 그런데 학교에서는 고의적으로 장난을 치다가 유리를 깬 것이면 변상을 해야 한다는구나. 유리 값은 오만 원이라고 한다.

승지 ① : [학생 예시 글]

제가 생각하기에는 유리창 주위에 있던 열 명의 아이들 모두 책임이 있다고 생각해요. 전 10퍼센트의 책임이 있다고 생각해요.

담임 : 다른 애들 이야기도 들어봐야 할 것 같다.

승지 ② : [학생 예시 글]

아이들을 설득할 자신이 있고, 만약 아이들을 설득할 수 없으면 그때 다시 선생님께 의논을 드리겠습니다.

개연성 있는 배경
인물과 사건을 효과적으로 드러내는 장치

개연성 있는 사건이나 상황에 어울리는 인물뿐만 아니라 배경도 상황에 맞게 그럴듯해야 한다. '개연성 만들기 - 배경'은 사건이 일어났을 법한 시간과 공간, 분위기 등을 만드는 활동이다. 배경은 그 자체로 소설의 중요한 구성 요소이며, 인물과 사건을 잘 드러나게 해준다는 점에서 간과해서는 안 된다.

① 편의점 앞에, 토이 크레인(동전을 넣고 위에 부착된 작은 크레인을 움직여 인형을 주워 올리는 게임기) 오락기가 놓여 있다. 오늘 열아홉의 생일을 맞은 그는, 토이 크레인에 바싹 붙어 허리를 굽힌 채 게임을 하고 있었다.

② 편의점 앞에, 토이 크레인 오락기가 놓여 있다. 오늘 열아홉의 생일을 맞은 그는, 토이 크레인에 바싹 붙어 허리를 굽힌 채 게임을 하고 있었다. 자정을 넘긴 거리에, 휑하게 바람이 스쳐가곤 했다.

③ 경동시장 입구의 편의점 앞에, 토이 크레인 오락기가 놓여 있다. 오늘 열아홉의 생일을 맞은 그는, 토이 크레인에 바싹 붙어 허리를 굽힌 채 게임을 하고 있었다. 자정을 넘긴 거리에, 휑하게 바람이 스쳐가곤 했다. 바람에 실려 빗줄기들이 사선으로 떨어져 내렸다. 게임기를 덮고 있는 투명 플라스틱

에 빗방울이 튀어 올랐다. 빗줄기는 점점 무거워져갔다.

- 조정래,《소설 창작, 나와 세계가 만나는 길》(한국문화사, 2003), 171~174쪽.

이 글에서 조정래는 ①과 ②보다는 ③이 인물에 대한 배경을 훨씬 더 구체적으로 제시하고 있으므로 인물의 정서적인 상황을 독자에게 더 잘 전달할 수 있다고 말한다. 다음 글도 배경이 작품에 미치는 영향에 대해 이야기하고 있다.

임철우의 〈사평역〉은 눈 내리는 겨울밤, 톱밥 난로가 타는 사평역의 대합실에서 마지막 완행열차를 기다리는 아홉 사람에 관한 이야기이다. 이들은 서로에 대해 아는 바도 없이 저마다의 상념에 빠져 있다. 상처와 회한이 대부분인 삶이지만 그들이 자신의 누추한 삶을 되새기는 모습은 너그럽고 평온하다. 위의 예에서 보이는 평화롭고 서정적인 배경은 '인간에 대한 신뢰와 따뜻함'이라는 소설의 주제를 암시한다.

- 이미란,《소설 창작 12강》(예림기획, 2003), 211~212쪽.

'개연성 만들기 - 배경 1'은 상황에 맞는 배경을 설정하는 연습이다. 인물 간의 대화에 어울리는 배경은 무엇일까? 시간은 하루 중에 언제로 하면 가장 적당할까? 야구공을 던져 깨질 만한 무슨 물건이 어디에 놓여 있으면 좋을까? 이 활동을 통해 단순히 대화만으로는 상황을 정확하게 전달할 수 없으며, 상황에 걸맞은 적절한 배경이 따라와야 한다는 것을 알 수 있다.

개연성 만들기 – 배경 1

"정환아, 뭐해?"

"야구해."

"혼자 벽에다가 공 던지는 게 무슨 야구야. 내가 받아줄게."

"좋아, 그럼 던질게. 더 뒤로 가서 받아봐."

"골목이 좁으니까 너무 힘주어 던지지 마."

"알겠어."

"어……. 어."

"쨍그랑!"

"누구야?"

"너희 집 유리창을 깨뜨렸나 봐, 큰일 났네."

• 대화 속 인물들의 상황에 어울리게 배경을 설정해보자.

[교사 예시 글]

겨우 두세 명 지나다닐 수 있는 좁은 골목길이 유일한 통로다. 땡볕 아래 아이들이 던지는 야구공이 아슬아슬하게 담장 위를 지날 정도로 좁은 골목이다. 집 앞에는 화분이며 분리수거하려고 내놓은 쓰레기가 쌓여 있다. 그래서 골목이 더 비좁게 느껴진다.

'개연성 만들기 – 배경 2'는 '선생님과 제자가 만난다'는 설정에 '배경' 하나만 바뀌었는데도 이야기가 완전히 달라질 수 있다는 것을 보여준다. 단순히 정물 같은 배경이 아니라 상황이 펼쳐지는 배경, 인물과 사건이 함께 어우러지는 배경에 따라 소설적 상황도 달라지게 된다.

　또 '개연성 만들기 – 배경 3'의 ①은 친구와 헤어지고 집으로 돌아오는 길의 쓸쓸한 분위기를 묘사하는 활동이다. 배경이 인물의 성격과 심리를 어떻게 반영하는지, 이를 통해 배경이 사건을 얼마나 효과적으로 드러내는지 확인할 수 있다. ②의 화장실 가는 길도 마찬가지다.

　배경을 완전히 새롭게 구상하겠다는 부담을 내려놓고 예전에 가본 장소나 보았던 영상을 떠올려보도록 학생들에게 권했다. 그래야 구체적으로 배경을 설정할 수 있으며, 이야기의 사실성이 제고되고 그에 따라 개연성도 높아질 수 있다.

개연성 만들기 – 배경 2

어떤 제자가 학교에 다닐 때 존경하던 선생님을 오랜 세월이 흐른 뒤에 우연히 만나게 되는 광경을 그려보자. 그 두 사람이 어떤 장소에서 만나는 것으로 설정하느냐에 따라 두 인물의 성격은,

나아가서는 이야기의 방향도 크게 달라질 것이다.

• 다음 중 두 개를 골라, 배경에 따라 인물의 처지가 어떻게 달라 지는지 상상해보자.

① 제자가 술을 잔뜩 마시고 급히 술집 화장실에 갔다가 마침 안에서 볼일을 마치고 나오는 선생님과 만났다.

② 제자가 자료를 찾기 위해 도서관에 갔다가 그곳에서 역시 자료를 찾기 위해 옛 문헌을 뒤적이고 있는 선생님을 만났다.

③ 시장 바닥에서 선생님과 제자가 만났다.

④ 비가 쏟아지는 거리 한복판에서 선생님과 제자가 만났다.

– 최인석,《소설 쓰기의 첫걸음》(북하우스, 2003), 60쪽.

[①에 대한 학생 예시 글]

제자는 이번에 회사에 입사한 평범한 회사원이다. 몇 년 동안 취업 준비를 하다가 이제야 취업에 성공했다. 그러다 보니 신입 사원 환영회에 술을 좀 많이 마시게 됐다. 제자가 술이 얼큰하게 취해 화장실에 갔는데, 고등학교 때 제일 존경하던 선생님을 화장실에서 만났다. 선생님도 제자를 알아보고 반가워했다. 선생님은 건강이 안 좋아져서 이번에 퇴임하게 됐는데, 오늘이 환송식을 하는 자리라고 했다. 제자는 술을 마신 모습이 조금은 부끄러웠지만, 선생님을 이렇게라도 다시 만나서 반가웠다. 선생님께도 자신이 이번에 취업에 성공했다고 말씀드리며 뿌듯한 마음이 들었다.

"심심 오징어가 두 개 천 원. 싸다 싸."

생선 비린내, 사람들의 함성, 곳곳의 쓰레기가 한데 모여 북적이는 시장에 선생님이 들어섰다. 야채를 고르던 선생님은 시장 한구석에 돗자리를 펴고 앉아 있는 제자를 발견했다. 제자는 반가운 마음보단 부끄러운 마음이 먼저 앞서 선뜻 인사를 건네지 못하며 고개를 숙였다. 선생님은 반가운 마음에 제자에게 다가가지만 제자는 못 본 체 장사를 계속했다. 선생님은 그런 제자의 마음을 읽고는 뒤돌아갔다. 제자는 선생님의 뒷모습을 보며 마음속으로 '죄송합니다'라고 말했다.

제자는 고등학교 3학년 첫 번째 모의고사를 잘 못 봐서 속이 상한 마음에 집에 가지 못하고 길거리를 배회하고 있다. 그런데 갑자기 비가 내렸다. 처음에는 그냥 가려고 했는데 비가 점점 많이 내려서 어디로든 들어가 비를 피하려고 주위를 둘러보았다. 그 순간 어느 한 사람의 얼굴이 눈에 들어왔다. 생각해보니 자신이 중학교 때 담임선생님이었다. 선생님도 제자를 알아보고 우산을 씌워주었다. 선생님은 제자의 사연을 듣고는 편의점에 들어가서 우산을 사주며, 기운 내라고 말씀해주었다. 제자는 선생님의 마음이 고마워서 꼭 대학에 합격하고 찾아뵙겠다고 말씀드렸다.

개연성 만들기 - 배경 3

① '나는 매일 이 길을 친구와 함께 걷는데 오늘은 그 친구와 싸우고 혼자서 집에 가는 쓸쓸한 날이다'라는 이야기에 걸맞은 소설의 배경을 만들어보자. (자신이 사는 집 주변의 골목과 주로 다니는 길거리의 풍경을 떠올려보자.)

[학생 예시 글 1]

학교가 끝나고 집으로 돌아가는 길이다. 학교 앞 유치원에서 아이들이 쏟아져 나와 놀이터로 향한다. 아이들은 활기차 보이는데, 내 모습은 그렇지 않다. 다른 때 같으면 친구와 유치원 아이들을 보면서도 우리들의 어릴 적 이야기를 했을 텐데……

별일도 아니라고 생각했는데 나의 농담이 과했는지 친구가 화가 많이 났다. 친구가 화를 내자 덩달아 나도 화를 냈다. 그래서 친구와 같이 집에 가지 않고 먼저 학교를 나왔다. 아파트 입구의 치킨집 앞을 지나갔다. 매일 친구와 치킨 먹고 싶다며 군침을 흘리며 지나가던 그곳이었는데, 오늘은 그 친구가 없으니 치킨을 먹고 싶은 마음도 들지 않는다. 내가 너무 심했나 후회하면서도, 친구가 먼저 전화해주기를 바라는 마음이 들었다.

[학생 예시 글 2]

친구와 싸우고 돌아가는 길, 아직도 분이 안 풀린다. 마트에 쌓여 있는 수박을 보니 그 친구의 얼굴이 떠오른다. 친구가 수박을 엄청 좋아하기 때문이다. 나는 수박을 보던 시선을 접고 컴컴한 골목길로 들어섰다. 골목길은 가로등 하나밖에 없다. 쭉 늘어진 주택들은 벌써 불이 다 꺼졌다. 벌써 시간이 이렇게 됐는지 몰랐다. 집으로 터벅터벅 걸어간다. 차도 안 다니고 사람도 없는 컴컴한 골목을 혼자 걸어가니 무섭다. 매일 함께 친구와 다녔기 때문에 이 길이 이렇게 무서운 길인지 몰랐다는 생각이 든다.

② '낮에 옥수수를 많이 먹어서인지 배가 살살 아프다. 외갓집만 오면 과식을 하게 된다. 깜깜한 밤, 불도 나간 앞마당을 지나 재래식 화장실을 가야 한다. 사촌형에게 화장실에 같이 가달라니까 도리어 귀신 이야기를 하며 나를 놀려댄다. 오늘따라 화장실 가는 길에 불까지 고장이 나서 손전등을 들고 가야 할 판이다. 사촌형은 중학생 맞느냐며 놀려대니, 나도 오기가 나서 나오긴 했는데 왜 이렇게 화장실은 멀게만 느껴질까'라는 이야기에 걸맞은 소설의 배경을 만들어보자.

[학생 예시 글 1]

마당엔 할아버지가 기르는 화분들이 쭉 늘어서 있다. 크기가 큰 화분들의 그림자는 마치 사람의 모습만 같아 오싹하다. 자전거를 덮은 큰 비닐봉지가 바람이 불 때마다 흔들린다. 손전등으로 질퍽한 땅을 비추면서 화장실로 갔다. 화장실 문은 제대로 안 닫혀서 바람이 불 때마다 덜그럭 소리를 낸다. 문 앞에 매달아 놓은 흰 비닐봉지는 꼭 소복을 입은 여자 귀신처럼 보인다. 개 짖는 소리에 깜짝 놀라서 화장실을 나오다 화분에 걸려 넘어질 뻔했다.

073

걸음을 떼긴 했는데 아래서 바스락거리는 자갈 소리에 두 발자국 이상 가지 못했다. 주위에는 아무것도 없고 판자들만 쌓여 있다. 손전등은 약이 닳아 약한 빛만 뿜고 있다. 더욱 으스스한 것은 아까 들었던 사촌형 얘기 때문이다. 그냥 눈 딱 감고 화장실까지 가긴 했는데, 흰 천인지 수건인지 화장실 문 앞에 걸려 있었다. 한참 화장실 앞에서 들어가지 못하고 머뭇거리는데 바스락거리는 작은 소리가 들렸다. 점점 더 가까이 그 소리가 들려오고 나는 놀라 크게 소리를 쳤다. 그러자 내 뒤에서 누군가 나의 머리를 세게 쥐어박는다. 사촌형이었다.

감춰진 이야기,
이면에 대한
탐구
×
주제 찾기

소설은 작가의 방향 없는 넋두리가 아니다. 작가는 소설을 통해 자신이 하고 싶은 말을 전하고자 하는데, 이를 소설의 '주제'라고 한다. 그런데 주제가 무엇인지 명시적으로 표현할 수 있는 소설은 많지 않다. 삶에 대한 사랑, 인간성의 본질, 전쟁의 참상에 대한 비판, 역사에 대한 혜안 등 모든 작품에는 하고 싶은 이야기가 있지만 그것을 한 단어 혹은 한 문장으로 정리하기란 쉽지 않다.

　대체로 훌륭한 이야기는 입체적이어서 어떤 부분이 잘 드러나는지는 독자에 따라 다르게 해석될 여지가 있지만, 일반적으로는 작가가 하고 싶은 이야기의 가장 중심적인 부분을 '주제'라고 한다.

관찰과 통찰, 소설의 '가치'를 만들어내는 힘

하고 싶은 이야기가 분명하고 그것을 개연성 있게 드러낸다고 해도 작가의 말이 독자에게 받아들여져 상호 관계가 형성됐을 경우라야 소설이라고 할 수 있다. 사르트르 식으로 말하면 독자에 의해 인정과 신뢰를 얻어야 소설이 된다. 한 편의 이야기가 소설로 인정받는 것은 개연성 있는 구성 여부에 더해 중심 사건에 대한 작가의 입장이 독자에게 승인되느냐에 달려 있다. 여기서 독자의 승인은 작품의 가치 여부에 대한 판단이다.

"미학적 가치를 묻는다는 것은 하나의 작품이 인간 세계에 던져주는 새로운 발견, 혁신, 빛을 가려내고 그것에 이름을 부여하려고 노력한다는 것을 뜻한다."[5]

밀란 쿤데라의 말이다. 다른 곳에서 볼 수 없는 새로운 발견과 성찰을 위한 노력이 있어야 하고, 그것이 사회적·역사적으로 의미 있는 무엇이라는 독자의 인정도 받아야 '가치'가 있다는 점을 이야기한다.

그렇다면 무엇으로 소설의 가치를 만드는가? 사건을 다양한 각도에서 바라보고 숨은 모서리를 낱낱이 확인하는 관찰력과, 이 낱낱의 시선을 종합하고 사건을 관통하는 이치를 잡아내는 통찰력이 가치를 만든다. 한 작가는 평생을 통틀어 실로 많은 이야기를 하는데, 그 이야기들이 향하는 곳, 즉 문학적 지향은 늘 한 곳이다.[6] 이는 삶의 태도와도 깊은 관련이 있다. 작가의 문학적 지향에 따라 같은 소재라도 중심 사건을 어떤 것으로 삼는지, 어떤 사건을 초점화하는지, 누구의 시각으로 서술하는지 등이 달라진다. 평생 "소설가들이 쓰는 것은 결국 하나의 주제에 대한 변용에 지나지 않을지도 모른다"[7]라고 밀란 쿤데라도 언급한다.

소설을 쓸 때 주제를 미리 확정 지어두면 당연히 소설을 쓰는 데 훨씬 수월하다. 그러나 소설 한 편에 담기는 주제라는 것이 그렇게 한마디로 정리할 수 있는 것도 아니고, 또 학생들에게 주제를 찾으라고 하면 자칫 하나의 정답을 찾아야 한다고 오해할 수 있다. 그렇다면 '주제'라는 말을 쓰지 않고도 은연중에 주제를 고려하여 소설을 쓰게 할 수는 없을까?

사실 이야깃거리를 포착했다는 것은 이미 주제와도 만났다는 말이기는 하다. 다른 많은 것 중 하필 그 이야깃거리를 골랐다는 것이 이를 방증한다. 왜 그것을 골랐는지 자신에게 해명을 해나가는 과정에서 모호했던 주제는 구체화될 것이다.

응시하기

소설을 쓰기 전에 소설가는 먼저 대상을 응시(凝視)해야 한다. 뚫어지게 살피고, 질문하기 위해 우선 멈추어야 한다. 왜 그런지 묻고 또 물어 자신의 생각을 정리해야 한다. 그런데 시선을 한 곳에 멈추고 있다는 표현인 '응시'에는 숨은 동작이 하나 존재한다. 멈춘 시선 안에는 끊임없이 회의하고 질문하는 동작이 내재해 있다. 시선은 멈추되 대상에게 말을 걸고 있으며, 다른 말로는 질문하고 있는 것이다. 응(凝)은 얼어 엉긴다는 뜻의 '얼음 빙(冫)'과 네거리에서 어느 쪽으로 가야 할지 몰라 고민한다는 '의심할 의(疑)'가 결합해 만들어진 글자다.

이면에 대한 탐구

'주제 찾기' 활동은 학생들에게 소설을 쓰는 과정이 사건 이면 (裏面)의 감춰진 이야기를 탐구하는 과정이라는 점을 알려주기 위해 만들었다. 이면이란 겉으로 나타나거나 눈에 보이지 않는 부분을 가리킨다. 피상적으로 관찰해서는 알 수 없는 사실이나 단순하게 생각해서는 파악할 수 없는 이야기를 탐구하고, 생각의 범위를 확장하는 경험을 해보는 과정이다.

어떤 사건이 일어났을 때 그것이 왜 생긴 것인지 사색하고 탐색해 답을 구하지 않으면 그 사건은 소설로 진전되지 않는다. 피상적 줄거리의 서술이 아니라, 어둠 속에 던진 질문과 어둠이 내놓은 대답이 소설이라는 갈래의 본질이기 때문일 것이다.

그러면 질문은 어떻게 하는 것일까? 어떻게 하면 잘할 수 있을까? 솔직하게 말해서 딱 부러진 답은 없다. 잘 관찰하고 종합하는 사고 훈련을 하는 것 말고 왕도는 없다. 하지만 확실한 것도 있다. 질문도 연습하지 않으면 잘할 수 없다는 점이다. 다음에 제시된 활동을 통해 학생들에게 질문하는 연습과 그 결과로 알 수 있는 것에 대해 경험해볼 수 있도록 지도한다.

　　먼저 '주제 찾기 1' 활동에서, 함민복의 시 〈사과를 먹으며〉는 학생들에게 사과를 먹는다는 행위 이면에 숨겨진 많은 이야기를 꺼내어 살펴보게 함으로써 단순한 행위 하나에 연관된 다양한 일, 예컨대 나를 포함한 타자 모두의 시간과 노력에 대해 생각해보게 한다. 또한 학생들은 사물의 이면을 탐색하는 과정을 따라 사고를 확장하는 방법을 익히고, 이후 자신의 삶과 연관된 감춰진 이야기에 대해서도 고민해볼 수 있다. 우리는 옷을 입고, 음식을 먹고, 수업을 듣고, 친구와 놀고, 사람을 만나고, 공부하고, 일하고, 싸우고, 잠을 자는 등 다양한 행위의 선택적 연속에서 살고 있으며, 그로 인해 파생된 또 다른 사연 속에 존재한다는 것을 환기하는 것도 중요하다.

주제 찾기 1

우리 눈은 얼마나 많은 것을 놓치고 있는가. <사과를 먹으며>는 사물과
사건의 겉으로 드러나지 않은 숨겨진 사실, 즉 이면*에 대한 이야기다.

* 이면 : 물체의 뒤쪽 면. 겉으로 나타나거나 눈에 보이지 않는 부분.

사과를 먹는다

사과나무의 일부를 먹는다

사과꽃에 눈부시던 햇살을 먹는다

사과를 더 푸르게 하던 장맛비를 먹는다

사과를 흔들던 소슬바람을 먹는다

사과나무를 감싸던 눈송이를 먹는다

사과 위를 지나던 벌레의 기억을 먹는다

사과나무에서 울던 새소리를 먹는다

사과나무 잎새를 먹는다

사과를 가꾼 사람의 땀방울을 먹는다

사과를 연구한 식물학자의 지식을 먹는다

사과나무 집 딸이 바라보던 하늘을 먹는다

사과에 수액을 공급하던 사과나무 가지를
　　먹는다

사과나무의 세월, 사과나무 나이테를 먹
　　는다

사과를 지탱해온 사과나무 뿌리를 먹는다

'딸기를 먹는다'

'비를 맞는다'

'바지를 입는다'

'책을 본다'

'거울을 본다'

'길을 걷는다'

'게임을 한다'

'머리털을 자른다'

'눈을 본다'

등에서 하나를 골라
<사과를 먹으며>
처럼 감춰진 이야기
를 들추어보자.

사과의 씨앗을 먹는다

사과나무의 자양분 흙을 먹는다

사과나무의 흙을 붙잡고 있는 지구의 중력
    을 먹는다

사과나무가 존재할 수 있게 한 우주를 먹
    는다

흙으로 빚어진 사과를 먹는다

흙에서 멀리 도망쳐 보려다

흙으로 돌아가고 마는

사과를 먹는다

사과가 나를 먹는다

- 함민복, 〈사과를 먹으며〉(세계사, 2003)

[학생 예시 글 1]

머리를 자른다

머리의 부분을 자른다

머리를 아름답게 하던 빗질의 기억을 자른다

머리카락을 단정하게 묶어주던 머리끈 자국을 자른다

머리로 인해 받던 친구들의 놀림을 자른다

머리로 인해 받았던 상처를 자른다

머리를 자르기 싫다며 흘렸던 눈물을 자른다

내 머리에 스쳐 지나갔던 수많은 사람들의 기억을 자른다

가을날 내 머리에 방울져 부슬부슬 떨어졌던 촉촉한 소나기를
    자른다

엄마 배 속에서 머리를 감싸주던 양수의 따스함을 자른다

[학생 예시 글 2]

수학 문제를 푼다

이 문제가 인쇄되어 나에게까지 온 과정을 푼다

이 문제를 만든 수학자의 두뇌를 푼다

이 문제에 숨겨두었던 수학자 인생의 쓴맛을 푼다

이 문제를 만든 수학자의 연구 과정을 푼다

이 수학자의 생애를 푼다

이 문제가 있게 한 숫자의 역사를 푼다

문제를 풀지 못하고 침대에 누운 한 아이의 좌절감을 푼다

수학 문제를 푼다

수학 문제가 날 푼다

[학생 예시 글 1]에는 머리카락과 관련한 숨은 이야기가 등장한다. 머리카락을 다듬던 일반적 기억, 누군가가 머리를 묶어주던 편안하고 즐거웠던 기억, 머리 스타일 때문에 놀림 받았던 일과 그로 인한 부끄러움, 소나기를 맞던 감각을 되살리기도 했다가, 긴 머리를 잘라야 했던 괴로운 기억을 꺼내기도 한다. 조리 없이 마구 꺼낸 듯하지만 무언가 글쓴이의 감정을 건드리는 어떤 이야기를 속에 품고 있다. 그리고 이러한 장치가 없었으면 떠올리지 않았거나 못 했을 이야기도 있다.

다만 이 활동만으로 감춰진 이면의 진실에 도달할 수 있는 것은 물론 아니다. '잘린 머리카락으로 인해 받던 친구들의 놀림을 자른다'거나 '머리를 자르기 싫다며 흘렸던 눈물을 자른다'만으로는 도달할 수 없는 이면의 진실이 존재할 수도 있기 때문이다. 친구 관계 속에서 느낀 소외감이나 남에게 얘기하지 못한 그늘이 웅크리고 있을 수도 있다. 그러므로 이런 활동을 통해 하나의 사물이나 사건을 깊이 있게 들여다보며 자신을 둘러싼 세계의 숨겨진 모습을 상상해보는 연습이 됐으면 했다.

더불어 자신이 자주 사용하는 볼펜에서 매일 먹는 밥에 이르기까지, 그 모든 것이 자신에게 도달하는 데는 많은 사람의 수고와 오랜 시간 누적된 과학 기술 그리고 자연의 혜택 등이 들어 있다는 사실도 간과하지 않기를 바랐다. 과거와 현재가 단절되지 않고, 사람과 사람이 이어져 하나의 사물이 자신에게 온다는 사실을 이해하길 바랐다.

꼬리에 꼬리를 무는
질문

박완서는 소설가를 어둠을 향해 '왜?'라고 묻는 사람이라고 정의했다. 단순하게 보이는 사건 속에 숨은 진실, 미처 확인하지 못하고 간과한 사실, 오해와 거짓과 의도와 무의식을 총체적으로 검토할 수 있도록 훈련하는 일은 소설가의 일이기도 하지만 공동체 안에서 타인과 함께 행복하게 살아가기 위해 꼭 필요한 역량이기도 하다. 그런 점에서 응시와 질문은 교육과정이 추구하는 미래 역량을 키우는 일이기도 하다.

주제 찾기 2

다음은 X가 병국이의 학습지를 가져간 이야기다.

"오늘은 정말 충격적인 날이었다. 학교에 와서 자리에 앉아 보니 '국어 공책을 보세요'라는 말이 적혀 있었다. 그래서 국어 공책을 봤더니 누가 내 국어 공책에 붙어 있는 학습지 한 장을 뜯어간 것이다. 그리고 그 밑에는 '난 X라는 인물이야. 정말 미안한데, 네 국어 학습지를 가지고 간다'라는 말이 적혀 있었다. 내가 한 장도 잃어버리지 않고 모아둔 학습지를 다른 애가 가져갔다는 생각을 하니 정말 화가 났다. 당장이라도 가서 그 국어 학습지를 빼앗아 오고 싶었지만, 누군지도 모르니 어쩔 수 없어 참 속상했다."

– 3월 24일(목), 양병국의 일기 중에서

- X가 병국이의 학습지를 가지고 간 이야기를 상상하며, 어떤 이유가 숨어 있을지 꼬리에 꼬리를 물며 따라가 보자.

※ [학생 예시 글]을 참고하여 세 개의 질문과 그 답을 만들어보자.

[학생 예시 글 1]

① **왜 X는 병국이의 학습지를 가져갔을까** : X가 수행평가 자료를 제출하려는데 다른 학습지는 다 있었지만 그 학습지만 없었다.

② **왜 X의 그 학습지는 없어졌을까** : 병국이가 자신의 학습지를 휴지통에 버렸다.

③ **왜 병국이는 X의 학습지를 버렸을까** : 청소하던 병국이는 학습지가 바닥에 떨어져 있는 걸 보고 쓰레기인 줄 알았다.

[학생 예시 글 2]

① **왜 X는 병국이의 학습지를 가져갔을까** : 병국이가 X의 축구 실력이 형편없다며 놀리자 X는 화가 났다.

② **왜 X는 병국이를 놀렸나** : X는 병국이와 축구 포지션 경쟁에서 져서 시합에 출전하지 못했다. 마음이 안 좋은 상태에서 병국이가 경기 중 실수를 하니 놀린 것이다.

③ **왜 병국이는 경기 중 실수를 했을까** : 병국이는 X와 포지션 경쟁을 하던 중 다쳤는데 어렵게 얻은 기회여서 아무에게도 말하지 못했다.

'주제 찾기 2'의 결과물을 보면, 학생들의 경험이나 가치관 등이 엿보인다. [학생 예시 글 1]은 병국이가 X의 학습지를 버린 것은 고의가 아니라는 설정이다. 반면 [학생 예시 글 2]는

병국이와 X의 갈등 관계가 사건의 이면에 숨어 있다. '왜'를 따라 꼬리에 꼬리를 물며 이야기를 상상하다 보면, 서로 다른 사건의 실체를 마주하게 된다. 이처럼 '왜'라는 물음과 그 답의 향방에 따라 소설이 말하고자 하는 내용이 달라진다.

욕구에서 성찰로, 삶의 아이러니

주제를 찾아가는 과정은 주인공의 욕구 성취 또는 좌절과 밀접한 관련이 있다. 그 과정에서 주인공의 성찰이 일어나기 때문이다. 즉 소설이 잘 설계됐다면, 주인공의 욕구 성취나 좌절 그 너머의 무언가가 소설 속에 담겨 있을 가능성이 높다. 그것은 주인공도 미처 예상하지 못했던 성찰의 결과물이다.

소설가처럼 가슴속에 차고 넘쳐 흘러나오는 이야기는 아니더라도, 그때의 경험이나 감정을 소설로 이어간다는 것은 기억 속의 상처를 그늘진 곳에서 꺼내어 햇볕에 말리는 일과 같다. 그런 점에서 누군가는 소설 쓰기를 성찰하는 과정이라 하기도 하고, 장판을 들추는 일이라고 빗대기도 한다. 성찰이든 장판을 들추는 일이든 무언가를 깊이 들여다보면, 자신이 결코 보고 싶지 않은 부분과 직면하게 될 수 있다.

이러한 성찰의 결과물로 삶의 아이러니를 발견하기도 한

다. 예상 밖의 결과가 빚은 모순이나 부조화가 상황을 새로운 국면으로 전환하는 것이다. 즉 좋은 것이 더 이상 좋은 것이 아닐 수 있으며, 나쁜 것이 다 나쁜 것만이 아니라는 삶의 아이러니에 도달하기도 한다.

주제 찾기 3

1. 친구의 경험에서 떠오른 '이야깃거리'	새로 산 비싼 신발을 자랑하고 싶어 학교에 신고 왔다가 잃어버렸다. 그런데 그 신발을 친한 친구의 신발주머니에서 찾았다. 속상해서 신발도 신지 않고 집에 돌아와 신발을 구석에 던져버렸다.
2. '이야깃거리'에 대한 처음 감정	분노, 속상함, 당황함, 화남, 배신감
3. '왜 그랬을까' - '이야깃거리'에 숨겨진 이유 질문하기	이렇게 배신감이 드는데 그 친구는 나한테 왜 그랬을까? 나만 그 녀석을 제일 친한 친구라고 생각했나? 친구가 나한테 화가 났나? 제3자가 개입했나? 친구가 정말 훔친 것인지, 남모를 사연이 있는 것은 아닌지, 마음이 쓰이는 심리는 무엇일까? 원하던 신발을 찾았는데도 왜 기쁘지 않을까?

	왜 신발을 더는 보고 싶지 않게 된 것일까?
4. '왜 그랬을까' 탐색 후 '이야깃거리'에서 느껴지는 또 다른 감정	좋아하는 신발을 더는 좋아하지 않게 된 모순된 감정
5. 말하고자 하는 점	자신에게 좋은 일이라고 해도 너무 자랑하면 안 된다. 마음에 난 상처를 극복할 수는 있는가. 소중한 것을 찾은 동시에 소중한 것을 잃다.

'주제 찾기 3'은 앞서 '개요 선택형'에서 찾은 이야깃거리로부터 주제를 탐색한 결과물이다. 이 사례는 친한 친구와의 관계가 엉망이 되어버린 슬픈 사연을 다루고 있다.

이 학생은 처음에는 잃어버린 신발만 찾으면 된다고 생각했는데, 정작 신발을 찾고 보니 속상한 마음이 더 커진다. 자신이 소중히 여기는 신발을 소중하게 여겼던 친구가 훔쳐갔기 때문이다. 이렇게 되고 보니, 학생이 잃어버린 것은 신발뿐만이 아니었다. 소중한 것을 찾은 동시에 소중한 것을 잃게 된 것이다. 아이러니가 발생한 것이다.

이 이야기에서 말하고자 하는 것은 '자신에게 좋은 일이라고 해도 너무 자랑하면 안 된다'가 될 수도 있고, '마음에 난 상처는 극복될 수 있는가'와 같은 물음이 될 수도 있다. 또는 '삶은 아이러니하다'가 될 수도 있다. 이야기의 귀결점을 어디로 삼느냐는 그 상처를 대하는 자신의 태도에 달려 있다. 친구에게 화가 난 채로 그 일을 미뤄둘 것인가, 직면할 것인가, 상처난 자신을 스스로 달랠 것인가.

〈꼬투리 고기〉는 학생의 오랜 기억 속 상처에 관한 이야기다(제2부 194쪽 참고). '꼬투리 고기'란 학생이 어릴 때 고기의 끝부분에 있는 기름 찌꺼기를 뭐라 해야 할지 몰라 그렇게 이름 붙인 것이라고 한다. 학생은 매일 친구 집에 놀러 가 그 친구의 가족과 함께 밥을 먹으며 한식구처럼 지냈다. 그러던 어느 날 평소와 다름없이 친구네 가족의 식사 자리에 함께했다.

내가 구운 고기 중에는 고기에 징그러운 기름 찌꺼기가 붙어 있는 고기가 있었다. 나는 그 부분을 떼고 고기를 먹었지만, 내 그릇에는 그 기름 찌꺼기가 그대로 남아 있게 됐다. 지금 생각해보면 가만히 놔둬도 되고 휴지에 싸서 쓰레기통에 버려도 됐다. 하지만 나는 그 기름 찌꺼기, 꼬투리 고기를 내 옆에 계신 친구의 어머님께 드렸다. 그것도 내가 양보하고 배려하는 것처럼! 그때는 어렸기 때문에 골칫거리인 꼬투리 고기를 치울 뿐 아니라, 양보하고 배려함으로써 얻는 칭찬, 자기만족 이 두 토끼를 모두 잡으려고 했다. 이 행동으로 인한 후폭풍은 생각지도 못하고.

내가 꼬투리 고기를 친구의 어머님께 드리는 모습을 보신 친구의 아버지는 화가 나신 얼굴로 어떻게 그런 고기를 줄 수 있느냐고 하시면서 나를 혼내셨다.

사람들은 '이런 게 뭐가 상처씩이나 되냐, 다른 사람에게 혼날 때도 있고 그렇다'고 생각하겠지만, 그때의 나에게는 큰 충격이었다. 그 친구와 나는 가장 친한 친구고 가족 같았기 때문이다. 그때의 나는 내가 먹기 싫은 것을 어머니에게 넘겨드리는 것을 당연하다고 생각했고, 친구의 부모님은 마치 나의 부모님 같았다. 그래서 나의 어머니에게 했던 것처럼 친구의 어머니에게도 그렇게 했던 것이다. 하지만 절대 화를 내지 않을 것 같던 친구의 아버지께서 내게 호통을 치셨고, 그 순간 친구와 가족 같던 그 느낌이 완전히 부서지는 듯했다.

그때 난 깨달았다. 나는 이 가족의 구성원이 아님을. 나와 이 가족은 남이라는 것을. 그 순간 내 눈에 꼬투리 고기가 들어왔다. 그 꼬투리 고기가 마치 내 신세와 비슷하다고 생각됐다. 불필요하고 치워버리고 싶은 그런 꼬투리 고기 같은 인간이 되어버린 것만 같았다.

학생에게 이 사건은, 어린 시절 가족처럼 의지했던 공동체로부터 거절당한 첫 기억쯤으로 남아 있는 것 같다. 자신과 타자의 분명한 경계선을 뼈저리게 경험한 데서 오는 충격과 당혹스러움과 무안함이 느껴진다. 학생은 그들과 가족이라는 울타리 안에서 지내고 싶었다. 그리고 자신의 가족에게 하던 방식으로 행동했고 편안함을 느꼈다. 하지만 결과는 달랐다. 소중한 것을 잃고 말았다. 학생은 이후 그 친구 집에 가지 못했을 것 같다. 그때의 일을 아무에게도 말하지 않았고, 소설을 쓰면서 처음으로 꺼내놓았다고 했기 때문이다.

살아가는 동안 생긴 마음의 상처는 누구나 가지고 있지만, 그것을 어떻게 소화할 것인지는 각자의 결정에 달려 있다. 적어도 학생은 소설의 말미에서, 오래 지난 그 일에 대해 자신에게 괜찮다고 위로하고 있는 듯하다. 그때 자신이 어렸을 뿐 잘못된 일이 아니라고.

〈우정 거래〉[8]는 친구에게 불편한 마음을 느꼈던 경험을 소설화한 사례다. 이야기는 이러하다. 사고 싶었던 옷을 드디어 샀는데, 친구가 갑자기 빌려달라고 한다. 거절하지 못하고 우물쭈물하다가 빌려준다고 말해버린다. 하지만 곧 후회하고 내내 괴로워한다. 이런 마음을 친구는 아는지 모르는지, 제때 옷을 돌려주지도 않고 잃어버렸다고 한다. 학생은 화가 잔뜩 나서 친구를 원망한다. 그런데 얼마 지나지 않아 친구가 같은 옷을 사 온다. 같은 옷을 구하느라 늦어졌다는 것이다.

학생에게 왜 이 사건으로 소설을 쓰려고 하는지 물었다. 학생은 새 옷을 친구에게 빌려주고 싶지 않았음에도 빌려줬다고 한다. 옷을 빌려주지 않으면 속 좁은 애로 보여 친구와 멀어질까 두려웠기 때문이란다. 학생이 자신의 욕구와는 다른 행동을 하면서 문제 상황이 발생한 것이다. 약속한 시간에 원래 상태대로 옷을 돌려받고 싶었지만, 친구가 옷을 분실하면서 학생의 욕구는 더 훼손된다. 친구가 옷을 잃어버리고도 아무렇지 않게 행동한다고 느끼니 뻔뻔해 보이기까지 한다. 그로 인해 몹시 속상하고 기분 나쁘지만 대놓고 화도 못 내는 성격이다. 자신이 그 옷을 사기 위해 얼마 동안 돈을 모았는지, 얼마나 그 옷을 갖고 싶어 했는지, 그 옷이 자신에게 어떤 의미인지 친구에게 속 시원하게 말도 못 한다. 친구도 당연히 이 모든 것을 눈치채지 못한다.

스스로 질문을 던지고 이에 답하다 보니, 학생은 최초에 자신의 욕구가 정말 옷을 그대로 돌려받고 싶다는 것뿐이었는지도 의심하게 된다. 새 옷으로 돌려받고도 여전히 불편한 마음이었기 때문이다. 자신의 속마음을 상대방에게 왜곡되지 않게 전달하고 싶은 것이 진짜 욕구는 아니었을까. 친구를 잃을까 봐 전전긍긍하며 친구의 뜻대로 끌려 다니는 자신의 모습을 바꾸고 싶었던 것은 아닐까. 어떤 것이 학생이 진짜 원하는 욕구인지를 깨닫게 된다면 소설의 주제는 달라질 것이다.

이렇듯 학생들이 떠올린 경험 중에는 이러지도 저러지도 못했던 불편한 감정의 순간이나, 원하는 것을 얻었는데도 행복하지 않은 아이러니한 순간이 있다. 학생들은 삶의 아이러니가 무엇인지 설명하지 못하면서도, 삶의 아이러니한 순간을 살고 있다. 학생들에게 자신의 마음속에 깊이 남아 있는 어떤 경험을 골똘히 응시하게 하고, 왜 그 일을 소설로 만들고 싶은지 스스로 질문하도록 하면, 자신이 설명하지 못하던 것의 실체에 어렴풋하나마 다가가게 될 것이다.

〈완벽한 생일〉[9]은 친구의 생일 선물 때문에 고민했던 경험을 기반으로 한 소설이다. 주인공은 친구 대길이를 부러워한다. 부잣집 외아들인 대길이는 주인공이 갖고 싶은 물건을 많이 가지고 있다. 게다가 잘생기고 활발해서 친구들에게 인기도 있다. 그에 비해 소심하고 내성적인 주인공은 대길이를 부러워하면서 그와 친하게 지내고 싶어 한다. 그런데 최근에 성적이 떨어져 용돈마저 깎이게 됐고, 이로 인해 대길이의 생일 선물을 살 돈이 없어 걱정이다. 그러던 차에 뜻밖의 사건이 생긴다. 대길이의 공에 맞아 주인공의 안경이 망가진 것이다. 결국 주인공은 대길이에게서 받은 안경 수리비 3만 원으로 대길이가 원했던 생일 선물을 산다. 그런데 사실 안경 수리비는 무료였다. 이런 상황을 알 리 없는 대길이는 아무 의심 없이 선물을 받고 기뻐한다. 주인공은 대길이의 선물을 사주고 싶었고 이를 이루었는데도 기쁘지만은 않다.

이 소설을 쓴 학생은 스스로 주제를 탐색하는 과정에서 '왜 거짓말을 하면서까지 그 친구의 선물을 사주려고 했을까' 라는 질문을 던진다. 돈이 없어 초라한 자신, 거짓말을 하면서까지 돈을 받아내는 지질한 모습, 친구에게 잘 보이고 싶은 감

정을 발견한다. 자신의 경험을 바탕으로 처음에는 불편한 감정
의 기억에서 출발했지만, 기쁘면서도 기쁘지 않은 모순된 감정
을 그려내는 데까지 도달했다. 이전에는 하지 못했던 질문을
자신에게 던지면서 '거짓과 위선으로 만드는 우정'이라는 아이
러니를 만나게 된 것이다.

〈죽음을 듣고 보고 느끼며〉[10]는 앞서 이야깃거리를 찾는
과정(개요 선택형)에서 핵심 감정으로 고른 '모순된 감정'을 바탕
으로 하여 자신의 경험을 소설화한 것이다.

내가 중 1이 되던 8월, 일본에 계신 외할아버지께서 돌아가셨
다는 비보가 들렸다. 할아버지는 항상 내게 다정하시고 나를 좋
아해주셨고 일본에 놀러 갈 때마다 비싼 것들을 먹여주시고 사
주셨다. 나도 할아버지와 많은 추억을 쌓았기에 나도 할아버지
가 좋았다. 근데 외할아버지가 돌아가셨다는 소식을 듣고 아무
렇지도 않았다. 엄마와 아빠는 통곡하셨고 형도 눈물을 보였다.
그러자 눈물이 나지 않는 나 자신에 대해 '나는 왜 슬프지 않지,
내가 별난 건가, 왜?' 같은 많은 생각이 들었다.

내가 슬프지 않은 이유를 알고 싶어 친구들에게 물었다. 친구는
내 이야기를 듣고 말했다.

"이거 완전 패륜아네, 혹시 사이코 아니냐?" 하며 장난으로 말
하는 것이었다. 막말하는 친구 때문에 화난 나는 친구에게 욕을
퍼부었고 결국 몸싸움으로 번졌다.

소설에서는 집으로 돌아온 주인공이 자신의 할아버지에게 오늘 있었던 일을 이야기한다. 할아버지는 가까운 사람의 죽음을 받아들이지 못하고 실감하지 못했던 본인의 예전 경험을 주인공에게 들려준다. 가까운 사람이 죽었을 때 당장은 그 빈자리를 실감하지 못하다가, 훗날 갑자기 그리워지는 순간이 오더라는 말씀이었다. 할아버지의 말씀처럼 소설의 말미에서는 돌아가신 외할아버지에 대한 주인공의 감정이 드러난다.

일본에서 외할아버지의 유골함이 도착하고, 가족들이 외할아버지 납골당에 함께 간다. 할아버지의 말씀이 맞는 것 같다. 외할아버지가 돌아가셨다는 소식과는 달리 납골당에 모셔진 유골함을 보니, 정말 외할아버지가 다시는 돌아오시지 않는다는 것이 실감 났다. 외할아버지의 빈자리가 쓸쓸하게 느껴졌다. 외할아버지가 그리웠다. 추운 겨울이었다.

이렇듯 소설을 쓰면 자신과 주변에서 일어났던 일의 양면성이나 모순에 대해 돌이켜 생각해볼 수 있다. 설명하기 어렵고 받아들이기 쉽지 않았던 자신과 타인에게로 한발 더 나아가게 될 수 있다. 이로써 소설 쓰기를 통해 '자아 성찰'과 '타자 이해'라는 문학 교육의 목표에도 한층 다가갈 수 있을 것이다.

작가의
나침반
X
플롯 짜기

06

'플롯은 작가의 나침반이다.'[1] 플롯 짜기는 이야기하고 싶은 것을 효과적으로 전달하기 위한 맥락 짜기이며, 개연성을 극대화하기 위한 구조화 작업이다. 즉 이야기를 유기적으로 배열하거나 서술해서 이야기에 생동감을 주는 일이다. 재미있는 이야기라도 누가, 어떻게 하느냐에 따라 달라진다. 구조적으로 완벽한 이야기에서 뒷이야기를 먼저 말해버리면 이야기의 감동과 재미는 일순간에 날아가 버린다. 때로는 논리적 구조의 설득력도 이러한 맥락과 순서에 좌우되기도 한다.

또한 플롯 짜기는 소설 쓰기의 성패를 좌우할 만큼 중요한 과정이다. 흔히 순서를 정하는 것이 플롯 짜기라고 생각하는 사람이 있는데, 그것은 플롯 짜기의 한 과정일 뿐 플롯 짜기 그 자체는 아니다. 플롯 짜기는 이야기에 재미와 긴장감, 주제 의식까지 갖추도록 재배치하는 일로, 개연성을 만드는 과정 그 자체다. 즉 작가가 원하는 방향으로 소설을 끝까지 끌고 나가는 데 필요한 나침반이자 동력이다.

그런데 나침반의 바늘은 북극을 향하는 것이 분명하지만 고정되지 않고 끊임없이 흔들린다. 단번에 바늘이 북극을 가리키는 것이 아니라는 점에서 "인간은 지향이 있는 한 방황한다"라고 했던 괴테의 말이 설득력 있게 다가온다. 나침반의 흔들리는 바늘처럼, 어떤 지향을 향해 흔들리는 인간 군상을 설득력 있게 그려내는 일이 소설이라면, 그것을 가능하게 돕는 것이 플롯인 셈이다.

이야기가 향하는 곳, 사건들의 논리적 연쇄

ⓐ 왕이 죽었다. 왕비가 죽었다. (사건들)

ⓑ 왕이 죽고 그 후 왕비가 죽었다. (스토리)

ⓒ 왕비가 죽었다. 왜 그런지 알아보았더니 왕이 죽은 슬픔 때문이다. (플롯)

ⓐ는 사건들의 나열이다. 이야기를 구성하기 위한 재료들이기도 하다. ⓑ는 그 사건들을 시간 순서대로 결합한 것이다. 그 사이에는 인과적 관계가 숨어 있다. ⓒ는 사건의 시간 순서를 뒤바꾸어 이야기한 것이다. 그렇게 함으로써 두 사건 사이의 논리

적 관계가 더 선명해질 뿐만 아니라, 왕비가 죽은 사건에 대한 의문과 해결이라는 흥미로움이 새롭게 생겨났다. 왕에 대한 왕비의 애틋한 사랑이라는 의미 부여도 강해졌다. 바로 이렇게 주제를 강화하고, 흥미로움과 논리성을 이야기에 불어넣는 방법이 플롯이다.

– 조정래,《소설 창작, 나와 세계가 만나는 길》(한국문화사, 2000), 122~123쪽.

사람들은 흔히 '뜻대로 되는 일이 없다'는 말을 많이 한다. 사는 일이 일반적으로 그런 듯하다. 살다 보면 보통 뜻대로 되는 일보다는 그렇지 않은 일이 더 많다. 평화롭기보다 어그러지고 혼란스러운 게 다반사다. 조금 더 구체적으로 표현하면, '뜻'과 '되는 일' 사이에는 늘 격차가 존재한다. 갈등은 바로 그 지점에서 발생한다. 주인공이 가지고 있는 갈등을 구체적으로 인식하면 이야기의 맥락이 잡힌다. 무슨 욕구가 있었나, 그 욕구가 성취됐는가, 좌절됐는가, 어떻게 그리고 왜 성취되고 좌절됐는가, 이 둘의 차이는 왜 생겨나는가, 그 과정에서 조력자와 장애물은 어떤 것인가 등등.

인물의 갈등을 살펴보다 보면 존재와 당위의 거리를 확인하게 된다. 그 과정에서 존재와 당위의 숙명적 거리를 좁힐지 포기할지를 결정하고, 그 결정에 따른 이행 방법을 다시 선택하게 된다. 이를 위해 무엇을 허구적으로 삽입하거나 변형해야 하는지도 구체화된다. 만약 단 한 부분이라도 위치를 바꾸거나 빼버리면 전체가 바뀌거나 흩어지도록 플롯을 짜야 한다고, 아리스토텔레스는 플롯의 중요성을 강조했다.

그럼에도 '플롯'이라는 생경한 용어가 주는 무게는 학생들이 소설을 구성할 때 심적 부담감으로 작용할 수 있다. 그래서 '인과 관계를 잘 살린 사건'이되, 시간 순서를 바꾸거나, 중요한 사건을 앞이나 뒤에 의도적으로 배치하거나, 인물의 감정선을 따라 사건을 배열하는 등의 방법으로 작가가 말하고자 하는 바를 좀 더 잘 표현하는 것이라고 알려주었다.

플롯 짜기를 위한
사전 질문

플롯을 짜는 동안 '왜'라는 물음에 구체적이고도 치열하게 답해야 한다. 이 활동은 소설 쓰기에서 중요한 단계다. 이 '왜'라는 물음은 플롯을 짜는 과정뿐 아니라 소설의 전 과정에서 계속되어야 하며, 자기 점검이나 교사의 피드백에서도 효과적으로 활용된다.

플롯 짜기를 위한 사전 질문

항목	질문	[학생 답변 예시 1] : <빨간 동그라미>
① 욕구	- 주인공이 원하는 것은 무엇인가? ※ 구체적으로 누가, 어떤 욕구를 가지고 있나?	6학년 정혁이는 수학 쪽지 시험을 잘 보고 싶음.
② 동기	- 주인공이 원하는 것을 이루고 싶은 이유는? - 주인공이 이러한 욕구를 가지게 된 사연은?	엄마 친구의 자식들처럼 엄마의 기대를 만족시켜 드리고 싶음. 엄마로부터 성적에 대한 심한 압박을 받고 있음.
③ 장애물	- 주인공이 욕구를 쉽게 이루지 못하게 하는 요소는? - 주인공이 겪는 갈등은? - 주인공의 결함은? (심리적, 상황적 요인) ※ 장애물에 번호를 붙인 후 다음 항목인 ④에서 주인공의 대응을 쓴다.	③-1 실력과 노력이 부족함. ③-2 시험을 잘 보고 싶은 욕심. ③-3 도덕심이 높지 않고, 유혹에 잘 휘둘림. 반면에 양심도 있음. ③-4 엄마의 높은 기대.

④ 장애물에 대한 주인공의 대응 [사건화]		- 주인공은 장애물에 어떻게 대처하는가? ※ ③의 장애물에 주인공이 대처하는 모습을 쓰면 사건화가 된다. 사건이 많을수록 내용이 풍성해진다.	③-1 실력을 쌓기 위해 공부를 하려고 하지만 집중이 잘 안 됨. ③-2 자신의 성적 상태를 잘 인정하지 않고 욕심을 버리지 못함. ③-3 자신의 답을 고치는 시도를 함. 곧 후회함. ③-4 엄마의 기대가 너무 높아 심리적 부담이 쌓임.
⑤ 조력자		- 주인공의 욕구를 성취하는 데 도움을 주는 요소. ※ 조력자는 없어도 됨. 조력자가 있어도 반드시 욕구가 성취되는 것은 아님.	
⑥ A와 B 중 하나만 고르기	A 욕구 성취	- ⓐ 주인공의 욕구는 어떻게 성취됐는가? (자신의 어떠한 노력, 조력자 등)	부정 채점으로 시험에서 100점을 받고 엄마를 기쁘게 함.
		- ⓑ 성취 후의 심리 상태는 어떠한가? (만족, 후회, 평온, 꺼림직함, 불안 등)	회의, 꺼림직함, 불안, 양심의 소리가 계속 들림.

		- ⓒ 주인공이 미처 예상하지 못했던 깨달음(성찰)이 있다면? ※ 만약 주인공의 욕구가 성취됐음에도 기쁘지만은 않다면 그 이유는 무엇인가?	진짜 행복은 무엇인지를 고민하게 됨. 성취가 곧 좌절이 되는 아이러니한 상황이 나타남.
	B 욕구 좌절	- ⓐ 주인공의 욕구는 어떻게 좌절됐는가?	
		- ⓑ 좌절 후의 심리 상태는 어떠한가? (만족, 후회, 평온, 꺼림직함, 불안 등)	
		- ⓒ 주인공이 미처 예상하지 못했던 깨달음(성찰)이 있다면? ※ 만약 주인공의 욕구가 좌절됐음에도 나쁘지만은 않다면 그 이유는 무엇인가?	
	⑦ 주제	- 주인공의 욕구가 실현 또는 좌절되는 과정을 통해 주인공이 깨달은 것(성찰)은 무엇인가?	자신의 노력 없이 원하는 결과를 얻었다면 결코 행복하지 않다. 정말 원하는 것은 제힘

	- 독자는 이 이야기를 통해 인간의 어떤 면을 이해하는 데 도움을 받나? ※ 가급적 완성된 문장 형태로 쓴다.	으로 이루어야 한다. 남을 속일 수는 있어도 자신은 속일 수 없다. 거짓으로 행복을 살 수는 없다.
⑧ 배경	- 여러 배경 중 하나 이상의 구체적 상황을 만든다. - 시간적 배경(날씨, 계절 등), 공간적 배경 등.	학교(교실, 복도), 집.
⑨ 제목	- 제목은 무엇인가?	빨간 동그라미.
	- 제목에 담긴 의미는 무엇인가?	옳고 그름의 상징인 붉은색 ○표. 놓치지 말라고 중요한 것을 표시할 때 사용함.
⑩ 시점	- 누구의 눈을 통해서 이야기가 서술되는가?	전지적 작가 시점.
※ 소설의 시작	- 소설을 어떻게 시작하면 좋을까? ※ '소설의 시작'을 고민하면, 플롯을 자연스럽게 구성하게 된다.	엄마가 학원에 가야 한다고 주인공을 재촉하며, 성적에 대해 압박한다.

* [학생 답변 예시 1]은 정필규 학생의 소설 〈빨간 동그라미〉(제2부 187쪽 참고)의 내용을 바탕으로 해서 '플롯 짜기를 위한 사전 질문'을 재구성한 것이다.

질문이 곧 답이다!

이 책에서 제시한 방법으로 같은 학년 국어 교사들과 소설 쓰기 수업을 한 적이 있었다. 교사들은 학생들의 질문이나 결과물에 피드백하는 것을 가장 힘들어했다. 특히 '성찰'에 대해 설명하기가 어려웠다고 했다. 자신이 만든 수업안이 아닌데다가 직접 소설을 써본 경험도 없었기 때문이다. 다음 학생의 사례는 어떻게 질문해야 사건에 성찰적 태도로 접근할 수 있는지를 보여준다.

이 학생의 소설 속 주인공의 욕구는 '자전거를 잘 타고 싶다'는 것이었다. 그 욕구를 방해하는 장애물은 '자전거를 타는 것이 무섭고 어렵다'는 것이며, 장애물에 대응하는 주인공의 태도는 '열심히 노력한다'였다. 결국 '주인공은 장애물을 극복하고 자전거를 타게 된다'는 소설을 쓰겠다는 것이었다. 이 학생을 지도한 교사는 필자에게 이런 이야기도 소설이 되느냐고 물었다. 이렇게 쓰면 소설이 될 수 없다고 여긴 듯했다. 소설을 직접 써보지는 않았지만 소설과 소설이 아닌 것을 구별해주는 무엇이 있다고 감각적으로 느끼는 듯했다. 이러한 학생들에게 어떻게 조언해야 하느냐고 또다시 물었다.

사실 이런 것이 소설 쓰기 지도에서 가장 큰 어려움이다. '자전거 타기 성공'이라는 별스럽지 않은 이야깃거리로 자신에 대한 이해를 높일 수 있는 특별한 소설, 즉 성찰을 담은 소설이 되게 하려면 어떻게 해야 할까?

학생들에게 '자전거를 왜 타고 싶었니?'와 같은 질문을 던지면 일반적으로 '그냥'이라고 답하기 일쑤다. 물음을 진전시킬 의사도 고민도 없는 학생들에게 어떻게 질문을 끌어내고 스스로 답하도록 해야 할까? '그냥'이라는 말로 덮어버리고 뭉개버린 감춰진 진실을 어떻게 수면 위로 끌어올릴까?

무엇보다 적절한 질문을 끊임없이 던져야 한다. '왜 무섭고 어렵다면서 굳이 자전거를 타려고 하니, 안 하면 편할 텐데. 하기 꺼리는 일을 하려고 마음먹는 것이 쉽지 않은데, 자전거 안장에 오르기까지 자신을 민 힘은 무엇이니, 외부 요인이니 내부 요인이니, 누가 자전거를 못 탄다고 놀렸니, 어린 시절의 어떤 경험 때문이니, 자전거 타기처럼 하고 싶은데 두려워서 못 하는 것이 또 있니, 친구를 사귀는 일도 혹시 그러하니' 등등.

처음 학생들이 답한 '그냥'은 물음에 답을 하면서 점점 구체화된다. 자전거 타기는 사실 별것 아닌 일이지만, 사람에 따라서는 그렇지 않을 수도 있다. 특히 어린아이에게는 그러하다. 두려움을 극복한다는 것은 어른도 잘하지 못하는 대단한 일이기 때문이다. 질문에 답하는 과정에서 이 학생은 자전거 타기를 통해 두려움을 극복하는 자신만의 노하우를 하나 얻었을지도 모른다. 어찌할지 몰랐던 자신의 마음을 스스로 다룰 줄 아는 노하우 말이다. 이를 통해 자신도 두려움을 극복할 수 있는 힘이 있는 사람임을 알았을 것이고, 이때가 바로 자신에 대한

'성찰'이 일어난 순간이다.

학생의 소설 〈빨간 동그라미〉의 '플롯 짜기를 위한 사전 질문' [학생 답변 예시 1]의 결과물을 보면, 주인공 정혁은 수학 시험을 잘 봐서 엄마의 기대에 부응하고 싶다. 정혁의 장애물은 욕심에 비해 노력이 부족하다는 점이지만, 정혁은 이를 극복하고(사실은 부정 채점을 통해) 원하는 성적을 받는다. 하지만 정혁은 욕구가 성취됐음에도 마냥 기쁘지만은 않고 불안한 마음마저 든다. '성취 후의 심리 상태'에 대한 그다음 질문에서 양심의 소리라는 또 다른 장애물을 만났기 때문이다. 결국 정혁은 자신의 잘못을 고백하게 된다. 독자는, 욕구를 성취했지만 불안에 떠는 주인공보다 욕구가 좌절되더라도 속이 후련해진 주인공을 응원할 것이다. 정혁도 이 사건을 통해 자신이 원하는 것은 제힘으로 이루어야 온전히 기쁠 수 있다는 것을 배웠을 것이다.

장애물을 높여라!

만약 이 소설이 다음과 같이 전개되었다면 어떠했을까? '주인공은 공부를 잘하고 싶은 욕망이 있지만 시험을 잘 못 봐서 부모와 갈등한다. 그래서 열심히 마음잡고 공부해 성적을 올린다'라고. 만약 이렇게 주인공이 원하던 바를 손쉽게 성취해버렸다면 싱거운 이야기가 됐을 것이다. 실제 삶에서는 마음을 먹는다고 쉽게 성적이 오르는 것은 아니기 때문에 일단 개연성도 떨어진다. 한 편의 소설에 존재와 당위, 욕구와 좌절이 담기고, 그 속에서 일어나는 한 인간의 성찰과 성숙 과정을 드러나게 하려면, 주인공이 장애물을 간단히 극복하고 원하는 것을 쉽게 성취하게 해서는 안 된다.

그런데 학생들이 만든 플롯 중 상당수에서 주인공이 쉽게 성취하는 구성이 보인다. 이때 학생들에게 장애물의 장벽을 높여 주인공이 원하는 것을 쉽게 성취하지 못하게 방해하라는 조언을 한다. 갈등 요소를 부각하라는 것이다. 증폭이라고 해도 좋겠다. 이것은 없는 것을 있는 것으로 만드는 일과는 다르다. 간혹 수사적으로 과장을 사용하기도 하지만 작은 일을 턱없이 크게 만드는 침소봉대와는 다르다. 드라마틱하다는 말은 대체로 이 갈등 요소가 사건 진행에서 도드라져 실제보다 조금은 구체적이고 볼록하게 보이는 상태를 말한다.

일반적으로는 주인공이 욕구를 성취하는 이야기보다 성취하지 못하는 이야기를 쓸 경우에 학생들은 자아 성찰의 단계까지 나아갈 확률이 높다. 주인공이 욕구를 성취하지 못하게 방해하는 내적·외적 요인을 탐구하는 과정에서 관찰과 통찰과 성찰이 일어나기 때문이다.

갈등 요소를 증폭하기 위해 자주 사용하는 방법은 주인공의 욕구와 동기, 성취를 가로막는 원인이나 장애물 등에 대해 질문하는 것이다. 주인공이 장애물을 극복하기 위해 이리저리 돌파구를 모색하는 과정을 만들면서, 자신이 미처 깨닫지 못한 문제의식을 짚어낼 수 있다. 공부를 못하는 이유가 끈기 부족 때문인지, 능력 부족 때문인지, 주변 상황 때문인지, 실제 성적을 올리고 싶은 마음이 자신으로부터 시작된 것인지, 아니면 부모의 욕망 때문인지, 왜 지금까지는 열심히 못 했는지, 열심히만 하면 원하는 것을 얻을 수 있는지 등의 성찰적 질문을 스스로 해본다면, 주인공이 쉽게 욕망을 성취하도록 그냥 놔둘 수는 없을 것이다. 이러한 과정은 이야기에서 무엇을 말하고자 하는지를 선명하게 만드는 데도 도움이 된다.

이렇듯 질문을 던지면서 플롯 짜기를 위한 사전 준비를 구체화할수록 쓰고자 하는 소설의 방향을 잃지 않고 속도감 있게 써 내려갈 수 있다. 다음에 소개하는 학생의 소설 〈멸치 권대〉의 '플롯 짜기를 위한 사전 질문' [학생 답변 예시 2]는 사전 질문에 대한 자기 점검 및 교사의 조언(→ 교사의 피드백 후 추가된 내용)을 반영한 사례다.

플롯 짜기를 위한 사전 질문 (→ 교사의 피드백 후 추가된 내용)

항목	질문	[학생 답변 예시 2] : <멸치 권대>
① 욕구	- 주인공이 원하는 것은 무엇인가? ※ 구체적으로 누가, 어떤 욕구를 가지고 있나?	주인공은 체력을 기르고 싶다. → 친구들이 자신의 체력이 안 좋다고 뒷담화한 것을 부끄럽게 만들고 싶었다.
② 동기	- 주인공이 원하는 것을 이루고 싶은 이유는? - 주인공이 이러한 욕구를 가지게 된 사연은?	주인공은 자신을 멸치같이 말랐다며 흉보는 친구들의 뒷담화를 우연히 듣게 된다. → 체력을 길러야겠다는 오기가 생긴다.
③ 장애물	- 주인공이 욕구를 쉽게 이루지 못하게 하는 요소는? - 주인공이 겪는 갈등은? - 주인공의 결함은? (심리적, 상황적 요인) ※ 장애물에 번호를 붙인 후 다음 항목인 ④에서 주인공의 대응을 쓴다.	③-1 평소 끈기가 없다. → ③-2 체력이 약하다. ③-3 자신감이 없다.

④ 장애물에 대한 주인공의 대응 [사건화]		- 주인공은 장애물에 어떻게 대처하는가? ※ ③의 장애물에 주인공이 대처하는 모습을 쓰면 사건화가 된다. 사건이 많을수록 내용이 풍성해진다.	③-1 주인공은 평소 끈기가 없으므로 주변 사람의 도움을 받는다. → ③-2 체력을 보강하기 위해 계획을 세워 운동한다. ③-3 약해지는 마음을 다잡고자 노력한다.
⑤ 조력자		- 주인공이 욕구를 성취하는 데 도움을 주는 요소. ※ 조력자는 없어도 됨. 조력자가 있어도 반드시 욕구가 성취되는 것은 아님.	→ 평소 잘 알고 지내던 경비원 아저씨가 운동량을 체크해준다.
⑥ A와 B 중 하나만 고르기	A 욕구 성취	- ⓐ 주인공의 욕구는 어떻게 성취됐는가? (자신의 어떠한 노력, 조력자 등)	체력이 좋아졌다. → 뒷담화 하던 친구들이 자신이 평소와 달라 보인다고 말해준다.
		- ⓑ 성취 후의 심리 상태는 어떠한가? (만족, 후회, 평온, 꺼림직함, 불안 등)	원하는 것을 얻어 기쁘다. → 남들이 얼굴빛이 좋아 보인다고 하여 기쁘다.

		뭐든 잘할 수 있을 것 같다는 자신감이 생겼다.
	- ⓒ 주인공이 미처 예상하지 못했던 깨달음(성찰)이 있다면? ※ 만약 주인공의 욕구가 성취됐음에도 기쁘지만은 않다면 그 이유는 무엇인가?	체력이 좋아졌다. → 자신과의 약속을 지켰다는 데서 오는 자신감이 상승했다. 자신이 체력도 약하고 포기도 잘하는 사람이 아니란 걸 알게 됐다.
B 욕구 좌절	- ⓐ 주인공의 욕구는 어떻게 좌절됐는가?	
	- ⓑ 좌절 후의 심리 상태는 어떠한가? (만족, 후회, 평온, 꺼림직함, 불안 등)	
	- ⓒ 주인공이 미처 예상하지 못했던 깨달음(성찰)이 있다면? ※ 만약 주인공의 욕구가 좌절됐음에도 나쁘지만은 않다면 그 이유는 무엇인가?	
⑦ 주제	- 주인공의 욕구가 실현 또는 좌절되는 과정을 통해	열심히 하면 원하는 것을 이룬다.

	주인공이 깨달은 것(성찰)은 무엇인가? - 독자는 이 이야기를 통해 인간의 어떤 면을 이해하는 데 도움을 받나? ※ 가급적 완성된 문장 형태로 쓴다.	→ 자신과의 약속을 지키면서 성장한다(자신의 새로운 면을 발견한다).
⑧ 배경	- 여러 배경 중 하나 이상의 구체적 상황을 만든다. - 시간적 배경(날씨, 계절 등), 공간적 배경 등.	학교 운동장, 교실.
⑨ 제목	- 제목은 무엇인가?	멸치 권대.
	- 제목에 담긴 의미는 무엇인가?	마른 주인공의 모습을 보여줌.
⑩ 시점	- 누구의 눈을 통해서 이야기가 서술되는가?	나(이름 : 권대).
※ 소설의 시작	- 소설을 어떻게 시작하면 좋을까? ※ '소설의 시작'을 고민하면, 플롯을 자연스럽게 구성하게 된다.	내가 교실에 들어섰을 때 친구들이 뒷담화 하는 것을 듣게 된다.

* [학생 답변 예시 2]는 경동고등학교 2학년 이○○ 학생의 창작 소설 〈멸치 권대〉의 '플롯 짜기를 위한 사전 질문' 사례다.

주인공의 달라진 모습이 개연성을 가지려면, 주인공이 어떻게 전과 달리 꾸준히 운동할 수 있었는지에 대한 합당한 설명이 필요하다. 그런 점에서 장애물을 추가하고 조력자를 등장시켰다. 특히 주인공의 욕구 성취 외에도 주인공이 미처 예상하지 못했던 깨달음을 정리하도록 했다. 이러한 깨달음은 주제와 맞닿아 있다. 주인공은 체력을 기르고 싶어 하고, 노력하여 마침내 원하던 것을 이룬다. 그런데 이 과정에서 예기치 못한 깨달음을 얻는다. 자신이 생각보다 약하지 않은 사람이란 점이다. 단순히 체력만이 아니라, 자신과 한 약속을 지켜낼 수 있는 사람이란 것을 알게 된 것이다. 이를 통해 사람은 자신과 한 약속을 지켜내며 한 단계 성장한다는 것을 깨닫는다. 물론 주인공이 이러한 깨달음에 도달하기 위해서는 사전 질문의 항목을 대충 쓰는 것이 아니라 심사숙고해 작성해야 한다.

'플롯 짜기를 위한 사전 질문'만으로도 이야기는 다 나온 셈이니, 이제 플롯을 본격적으로 고민해야 한다. 소설의 구성은 말하고자 하는 것을 효과적으로 표현하기 위해 사건을 질서 있게 배열하되, 시간 순서에 얽매일 필요가 없다는 사실을 학생들에게 알려주어야 한다. 그러나 대부분 이것을 잘 이해하지 못한다. 그렇기 때문에 '플롯 짜기를 위한 사전 질문' 10개 항목에 모두 답을 한 뒤, 마지막으로 소설의 '시작'을 어떻게 할지 고민해보라고 한다. '소설의 시작'을 무엇으로 할지 고민하는 과정에서, 플롯을 어려워하지 않고 자연스럽게 받아들일 수 있다.

예를 들어 〈멸치 권대〉의 시작을, 조력자의 도움을 받아 운동장을 뛰는 주인공의 모습으로 할 수도 있다. 또는 이야기의 맨 마지막 부분을 끌어와, 선생님이 "얼굴이 좋아졌네. 무슨 좋은 일 있니?"라고 주인공에게 묻는 장면으로 시작할 수도 있다. 어떤 장면을 시작으로 하느냐는, 말하고자 하는 것을 가장 잘 전달하면서도 소설의 흥미와 긴장감을 놓치지 않고 끝까지 끌고 갈 수 있는 장치, 즉 플롯을 어떻게 짜야 하느냐에 대한 고민이다.

플롯을 완결하고 나서 소설을 시작한다면 가장 좋겠지만, 대체로 학생들은 '플롯 짜기를 위한 사전 질문'에 답하고 나면 바로 소설을 쓰려고 한다. 실제 소설가도 소설을 쓰다 보면 말하고자 하는 것을 좀 더 잘 드러내기 위해 소설의 흐름을 바꾸기도 하기 때문에, 학생들에게도 '시작'에 대한 고민만을 가지고 일단 소설을 시작하고 나중에 이야기의 순서를 바꾸어도 된다고 말해준다. 그래야 플롯을 짜고 있다는 것을 느끼지 못하면서도 자연스럽게 플롯을 소설에 적용하게 된다.

나의 가장
첫
이야기
x
소설 쓰기

지금까지 준비한 것이 연습이라면 이제는 실전이다. 하지만 수업에서 실전은 또 다른 연습에 불과하다. 실전이 연습과 같다는 말은 실전 속에 재도전과 교정의 기회가 있다는 의미다.

창작 수업은 활동을 통한 체험과 체득에 중점을 둔 과정 중심의 교육 활동이다. 소설 쓰기도 이러한 점을 고려하여 '초고 쓰기', '피드백', '고쳐 쓰기'의 단계로 이루어진다. 초고를 쓰고 나서는 자기 점검을 하고 교사의 피드백을 받는다. 이때 친구들과 나누어 읽으며 친구들의 피드백을 받을 수도 있고, 최종적으로 소설을 다 고친 후 친구들과 나누어 읽을 수도 있다.

플롯을 고려한 소설 쓰기
'줄거리에서 플롯으로'

소설 쓰기에서 학생들은 분량을 어떻게 채워야 할지, 소설을 어떻게 시작해야 할지 어려워한다. 생각보다 긴 글을 쓰는 데 어려움을 겪는 아이들도 많다. 인물을 등장시키고 배경을 묘사하고 사건을 전개하여 납득할 만한 이야기를 만들려면 최소한 원고지 몇십 매 정도의 분량이 필요하지만, 학생들은 원고지 10매에도 부담을 느낀다. 따라서 이를 해결하는 구체적인 방법을 제공하여 학생들의 불안을 해소할 필요가 있다.

먼저 '플롯 짜기를 위한 사전 질문'을 바탕으로 줄거리 쓰기를 한다. 그리고 이 줄거리를 이야기의 흐름에 따라 여덟 개 내외의 문장으로 정리한다. 드라마나 영화에서 장면이 넘어가는 것같이 나눌 수 있으면 더 좋다. 이때 중요한 것은 각 문장에 번호를 붙이는 것이다. 매우 사소하게 보일지 모르지만, 이 방법은 플롯을 활용하기 위한 결정적인 기술이다.

그다음은 각 번호의 문장에 담길 세부적인 상황을 글로 옮긴다. '플롯 짜기를 위한 사전 질문'에서 자신이 설정한 '시작' 부분부터 쓰기 시작하는데, 각 번호를 한두 문단의 분량으로 늘린다고 생각하고 쓴다. 일반적으로 소설 쓰기를 할 때 학생들이 자주 범하는 실수는 앞부분만 길게 쓰고 뒤는 짧아진다든지, 어떤 부분은 구구절절 자세히 쓰고 어떤 부분은 너무 간

략하게 처리한다든지 하는 경우다. 이러다 보면 자신이 하고 싶은 이야기의 맥락을 놓치거나 핵심 부분이 잘 전달되지 못할 수 있다. 반면, 이렇게 이야기의 진행에 번호를 붙여 글을 늘려 가면 분량을 균형 있게 쓸 수 있고, 글의 위치도 얼마든지 바꿀 수 있다. 이미 쓴 내용에 없던 내용을 덧붙이고 싶으면 번호를 끼워 넣기만 하면 된다. 즉 플롯을 고려하며 소설을 쓸 수 있게 되는 것이다.

예를 들어 〈빨간 동그라미〉의 시작을 '양심의 소리'가 들리는 마지막 장면으로 바꾸면 이야기가 시간 순서와는 다르게 구성된다. 또는 사건의 긴장감을 높이고 시작의 강렬함을 강화하려면 선생님이 나간 사이 자신의 시험지를 고치는 장면부터 시작하는 것도 한 방법이다. 물론 쓰는 과정이나 다 쓰고 난 후 번호를 이용하여 이야기의 흐름을 바꾸어도 된다. 말하고자 하는 내용이 잘 드러날 것, 긴장감과 재미를 놓치지 않고 끝까지 이야기를 끌고 갈 것 등을 고려해 구성을 달리해보는 것도 좋다.

다음은 학생 소설 〈소음〉의 '플롯 짜기를 위한 사전 질문'과 이를 토대로 한 '플롯을 고려한 소설 쓰기' 사례.

플롯 짜기를 위한 사전 질문

항목	질문	[학생 답변 예시] : <소음>
① 욕구	- 주인공이 원하는 것은 무엇인가? ※ 구체적으로 누가, 어떤 욕구를 가지고 있나?	나는 무선 이어폰을 가지고 싶다.
② 동기	- 주인공이 원하는 것을 이루고 싶은 이유는? - 주인공이 이러한 욕구를 가지게 된 사연은?	친구들이 무선 이어폰을 쓰는 것이 부럽다. 자신만 무선 이어폰을 쓰지 않는 것 같아 부끄럽다. 식수대 위에 누군가 두고 간 무선 이어폰을 보게 된다.
③ 장애물	- 주인공이 욕구를 쉽게 이루지 못하게 하는 요소는? - 주인공이 겪는 갈등은? - 주인공의 결함은? (심리적, 상황적 요인) ※ 장애물에 번호를 붙인 후 다음 항목인 ④에서 주인공의 대응을 쓴다.	③-1 부모님께 부담을 드리고 싶지 않아 무선 이어폰을 살 수 없었다. ③-2 양심의 가책을 느끼며, 누군가 두고 간 무선 이어폰을 가지고 갈지 말지에 대해 갈등한다. ③-3 무선 이어폰의 주인에게는 주변에 무서운 친구들이 있다.

④ 장애물에 대한 주인공의 대응 [사건화]		- 주인공은 장애물에 어떻게 대처하는가? ※ ③의 장애물에 주인공이 대처하는 모습을 쓰면 사건화가 된다. 사건이 많을수록 내용이 풍성해진다.	③-1 부모님께 경제적 부담을 드리고 싶지 않다. ③-2 결국 누군가 두고 간 무선 이어폰이 탐이 나서 가지고 온다. ③-3 자신이 무선 이어폰을 가져갔다는 것을 남들이 알기 전에 가져다 두기로 결심한다.
⑤ 조력자		- 주인공이 욕구를 성취하는 데 도움을 주는 요소. ※ 조력자는 없어도 됨. 조력자가 있어도 반드시 욕구가 성취되는 것은 아님.	
⑥ A와 B 중 하나만 고르기	A 욕구 성취	- ⓐ 주인공의 욕구는 어떻게 성취됐는가? (자신의 어떠한 노력, 조력자 등)	원하던 무선 이어폰이 생겼다.
		- ⓑ 성취 후의 심리 상태는 어떠한가? (만족, 후회, 평온, 꺼림직함, 불안 등)	원하는 것을 얻어 기쁘다. 불안에 시달린다. 후회된다.

		- ⓒ 주인공이 미처 예상하지 못했던 깨달음(성찰)이 있다면? ※ 만약 주인공의 욕구가 성취됐음에도 기쁘지만은 않다면 그 이유는 무엇인가?	욕구를 충족하기 위해 양심을 버리는 게 옳지 않다는 것을 깨닫는다. 좋아하던 음악이 소음으로 들린다. 원하는 것을 얻었지만 행복하지 않다.
	B 욕구 좌절	- ⓐ 주인공의 욕구는 어떻게 좌절됐는가?	
		- ⓑ 좌절 후의 심리 상태는 어떠한가? (만족, 후회, 평온, 꺼림직함, 불안 등)	
		- ⓒ 주인공이 미처 예상하지 못했던 깨달음(성찰)이 있다면? ※ 만약 주인공의 욕구가 좌절됐음에도 나쁘지만은 않다면 그 이유는 무엇인가?	
⑦ 주제		- 주인공의 욕구가 실현 또는 좌절되는 과정을 통해 주인공이 깨달은 것(성찰)은 무엇인가?	양심의 가책.

	- 독자는 이 이야기를 통해 인간의 어떤 면을 이해하는 데 도움을 받나? ※ 가급적 완성된 문장 형태로 쓴다.	
⑧ 배경	- 여러 배경 중 하나 이상의 구체적 상황을 만든다. - 시간적 배경(날씨, 계절 등), 공간적 배경 등.	학교 운동장, 교실, 집.
⑨ 제목	- 제목은 무엇인가?	소음.
	- 제목에 담긴 의미는 무엇인가?	마음의 상태에 따라 아름다운 소리도 소음처럼 느껴진다.
⑩ 시점	- 누구의 눈을 통해서 이야기가 서술되는가?	나.
※ 소설의 시작	- 소설을 어떻게 시작하면 좋을까? ※ '소설의 시작'을 고민하면, 플롯을 자연스럽게 구성하게 된다.	나는 하교하던 중 식수대 위에 놓인 무선 이어폰을 보게 된다.

* [학생 답변 예시]는 경동고등학교 2학년 이기찬 학생의 창작 소설 〈소음〉(제2부 198쪽 참고)의 '플롯 짜기를 위한 사전 질문' 사례다.

'플롯을 고려한 소설 쓰기'의 줄거리에 해당하는 여섯 개의 문장과 달라진 부분이 있다면, 소설에서는 주인공의 가정 형편은 따로 언급되지 않고 대신 가지고 싶은 것을 마음껏 사지 못하는 처지 정도로만 처리된 것이다. 무선 이어폰의 주인에게 무서운 친구들이 있다는 설정이 추가됐는데, 이는 장애물의 장벽을 높여서 소설에 긴장감을 부여하려는 의도인 듯하다. 사건을 시간 순서대로 소설화하지 않은 것으로 보아 플롯을 자연스럽게 이해하고 있다고 보인다.

플롯을 고려한 소설 쓰기 – 예시 <소음>

A 줄거리 쓰기 : (8문장 내외)	진행 순서
1. 나는 친구들처럼 무선 이어폰을 사고 싶지만, 가정 형편 때문에 사지 못한다.	3
2. 어느 날 나는 하굣길에 누군가가 두고 간 무선 이어폰을 보게 된다.	1
3. 나는 순간적인 욕심에 무선 이어폰을 가져온다.	2
4. 그토록 바라던 무선 이어폰을 사용하게 된 나는 한동안 만족감을 느낀다.	4
5. 다른 반 아이가 무선 이어폰을 잃어버렸다는 것을 듣고, 자신이 그것을 훔친 사람으로 몰릴 것 같아 불안감	5

과 죄책감에 휩싸인다.

6. 나는 결국 무선 이어폰을 제자리에 돌려놓기로 결심한다.	6

B 플롯 짜기를 위한 사전 질문 항목
자기 점검 체크리스트

① 욕구	② 동기	③ 장애물	④ 장애물에 대한 주인공의 대응	⑤ 조력자(있는 경우)
⑥ 욕구 성취 또는 좌절 (ⓐ 욕구의 성취 또는 좌절 ⓑ 성취 또는 좌절 후의 심리 ⓒ 성찰)		⑦ 주제가 드러난 부분	⑧ 배경 묘사	⑨ 제목

B-1. A(줄거리)의 각 번호 한 개당 4~5줄 쓴다. 대화는 한 줄로 친다.

B-2. [자기 점검] 소설을 다 쓴 후, '플롯 짜기를 위한 사전 질문 요소'에 해당하는 부분을 소설에서 찾아 번호를 쓰고 밑줄을 긋는다.

B-3. [자기 점검]을 통해 스스로 누락된 요소를 추가하거나, 교사의 피드백 후 누락된 요소를 추가한다.

진행 순서	제목 : 소음 ⑨
1	그날도 역시 특별할 것 하나 없는 ⑧하굣길이었다. 실수로 하나뿐인 지우개를 두고 온 것이 생각나 터덜터덜 반에 돌아갈 때까지도, 다시 밖으로 나와 몇 마디 불평을 웅얼거리며 식수대 옆을 지나갈 때까지도, 그러다 문득 목이 말라 물 몇 모금 마시고자 ⑧식수대로 향할 때까지도 특별할 것 하나 없는 하굣길이었다. 그러나 물을 실컷 마시고 고개를

들던 그 순간, ② 식수대 본체 위에 놓여 있던 하얀 무선 이 어폰을 보게 된 것은 차마 '특별한 일'이 아니라고는 할 수 없을 것이다. 아마도 칠칠맞지 못한 누군가가 정신없이 운동장에서 뛰어놀다가 깜빡한 결과일 것이라는 생각이 들었다.

2

그렇게 한참을 서 있다가 주변을 슥 한번 둘러보았다. ⑧ 넓은 운동장은 드물게도 텅 비어 있었고 저 멀리에 간간이 하교하는 아이들이 서너 명쯤 보였으나 내가 식수대 앞에 있던 것은 아무도 눈치채지 못한 모양이었다. ⑥-ⓐ 나는 잠시 머뭇거리다 그것을 바지 주머니에 집어넣은 뒤 재빨리 걸음을 옮겼다. 교문을 지나쳐 아파트 단지로 향하던 순간, ⑥-ⓑ 발걸음은 희한하게도 가벼웠고 심장은 미친 듯이 쿵쾅거렸다. 어쩌다 그런 '나쁜 짓'을 하게 됐는지는 생각하고 싶지 않았다. ⑧ 집에 도착해 거실을 둘러보니 엄마는 일을 나간 모양이었다. 집 안엔 아무도 없었지만 나는 왜인지 내 방 이불 속에 깊이 파묻힌 채로 그것을 꺼내 낡은 핸드폰과 연동시키고 음악을 재생했다. 머지않아 내가 가장 좋아하는 팝송의 전주 소리가 들려왔다. ⑥-ⓑ 입가엔 희미한 미소가 번졌지만 생각했던 것보다는 조금 덜 기쁜 느낌이었다.

그날 이후 나는 어딜 가든 그것을 몸에 지니고 다녔다. 겨우 얇디얇은 줄 하나가 사라졌을 뿐이었지만, ② 이젠 학교에서도 눈치 볼 것 없이 음악을 들을 수 있었다. 우스꽝스러운 원숭이를 쳐다보는 듯 나를 향하던 시선들도 더 이상 느껴지지 않았다. ③, ⑥-ⓑ 이따금씩 내가 도둑질을 했다는 것이 실감 나고 양심의 가책도 조금 들었지만, 그것에서 흘러나오는 경쾌한 팝송을 듣다 보면 그런 생각들은 마음 한쪽 깊은 곳으로 떠밀려 어느새 사라져 있는 듯했다.

그것을 갖게 된 지 ⑧ 며칠이 지난 어느 쉬는 시간이었다. 교과서를 가방에 집어넣고 어김없이 그것을 집어 두 귀에 꽂으려던 순간, 쾅 하고 문 열리는 소리와 함께 옆 반 유찬이가 우리 반에 등장했다. 유찬이는 말이 많고 남의 일에 참견하는 걸 좋아해 자주 다른 반을 오가며 여러 가지 이야깃거리들을 풀어놓곤 했다. 이번에도 유찬이는 대뜸 이야기를 나누던 아이들 무리에게 다가가더니 새로운 화제를 꺼냈다. ③ "야, 4반 한별이 며칠 전에 운동장에서 무선 이어폰을 도둑맞은 거 있잖아, 그거 아직도 범인 못 찾아서 교무실에 신고하고 왔대." ⑥-ⓑ 그 말을 들은 순간 머릿속에서 무언가 크게 요동치는 듯한 느낌이 들었다.

그것이 지금 누구의 손에 있는지 나는 알고 있다. ③ 게다가 한별이라면 키도 크고 운동도 잘할 뿐만 아니라 위험한 형들과도 어울린다는 소문이 있었다. 내가 그것을 가져간 걸 알게 된다면 어떤 일이 벌어질지는 불 보듯 뻔했다. 반 아이들이 하나둘 입을 열고 떠들기 시작하는 소리가 물속에 있는 것처럼 먹먹하게 들렸다. ④, ⑥-ⓑ 나는 귀에 꽂으려던 그것을 재빨리 가방 속 깊은 검은 구석에 쑤셔 넣었다. 심장이 빠르게 쿵쾅거렸다.

학교가 끝나고 집에 돌아올 때까지도 흥분은 쉽게 가라앉지 않았다. 내가 며칠 전부터 그것을 쓰던 것을 누군가 기억하진 않을지, 한별이가 그것을 잃어버린 게 아니라 잠시 식수대 위에 두고 갔던 것인지, 앞으로 그것을 어떻게 해야 할지 등 오만가지 생각들이 한군데 뒤엉켜 내 머릿속을 이리저리 헤집어놓았다. ⓑ-ⓒ 남의 물건을 훔쳤다는, 잊고 싶지만 이제는 절대 잊을 수 없게 된 사실은 내 머리를 무겁게 짓눌렀다. 그러면 안 된다는 걸 알면서도 그것을 주머니에 넣었던 과거의 나에게 화가 났고, 그러면서도 여전히 그것을 잃기 싫다는 생각을 하고 있는 지금의 나에겐 훨씬 더 화가 났다. 책상 앞에 앉아도 아무것도 손에 잡히지 않아 그냥 침대 위에 드러누워 한참 동안 멍을 때렸다.

그날 밤, 엄마 아빠가 모두 잠든 늦은 시간에 나는 조용히 소리를 죽이며 가방을 열고 그것을 꺼냈다. ① 그것을 바라보는 동안, 내 마음은 달콤할 것이 분명한 마시멜로를 눈앞에 둔 어린아이처럼 세차게 흔들렸다. ⑦, ⑨ 그렇게 또 한참의 시간이 지난 뒤, 나는 마지막으로 가장 좋아하는 팝송을 재생했다. 이제 그 음악 소리는 귀뿐만 아니라 마음 깊은 곳까지 사납게 찔러대는, 시끄러운 소음처럼 느껴질 뿐이었다. ④ 내일 아무도 모르게 다시 식수대 위에 올려놓으면 되겠지. 그런 생각을 하며 나는 조용한 마음으로 잠에 들었다.

C 배운 점, 느낀 점 쓰기
※ 자신이 어떤 평가 요소를 어떻게 잘 구현했는지도 구체적으로 쓸 것.

아이러니가 어떻게 소설에 드러나는지를 배울 수 있었다. 인물의 행동 묘사를 통해 간접적으로 심리를 표현하는 과정을 배울 수 있었다. 자연스럽고 매끄러운 문장 연결을 통해 독자에게 몰입감을 주는 소설 쓰기 방법도 배울 수 있었다.

---

* 경동고등학교 2학년 이기찬 학생의 사례다. 제2부 198쪽 참고.

자기 점검 체크리스트

플롯을 고려한 소설 쓰기가 끝나면 B-2 자기 점검을 통해 '플롯 짜기를 위한 사전 질문' 항목이 자신의 소설에 잘 반영됐는지 학생들에게 스스로 점검하며 밑줄을 긋게 한다. 별도의 체크리스트를 만들지 않고 '플롯 짜기를 위한 사전 질문' 항목을 소설 점검 체크리스트로 사용했다. 학생들이 이미 이 질문들을 염두에 두고 소설을 썼기 때문에 추가 체크리스트를 제공하는 것은 부담감과 혼란만 가중시킬 뿐이라고 생각했다.

　'플롯 짜기를 위한 사전 질문' 항목의 유무 확인 및 성취

도달 정도를 수행평가의 평가 요소로 활용하는 방법도 있다. 만약 교사의 피드백이나 학생들의 자기 점검 과정에서 미비한 부분이 발견되면 이를 바로잡고 고쳐 쓸 기회를 주면 된다. 이렇게 고쳐 쓰기를 수행평가에 반영해주면, 열심히 하고도 점수가 잘 나오지 않으면 어떡하느냐는 학생들의 걱정과 불안을 줄여줄 수 있다. 그러면 학생들도 열심히 해당 항목에 대한 자기 점검을 할 것이고 교사의 피드백에도 귀를 기울일 것이다.

해당 항목을 자기 점검이나 평가 요소의 잣대로 삼는 이유는 다음과 같다.

욕구(①)나 동기(②)가 분명히 드러나야 장애물(③)과 장애물에 대한 주인공의 대응(④)이 분명한 갈등 양상으로 나타날 수 있다. 또 조력자(⑤)가 등장하면 장애물에 응전하는 주인공의 고군분투 과정이 밋밋하지 않게 된다. 소설의 주제를 구현하는 데는 욕구 성취 또는 좌절(ⓐ 욕구의 성취 또는 좌절 ⓑ 성취 또는 좌절 후의 심리 ⓒ 성찰) 부분이 가장 중요하다. 주인공이 욕구를 성취했음에도 찜찜함이 남는다거나, 성취하지 못했음에도 새로운 깨달음을 얻는 경우가 있다. 아이러니가 발생한 부분으로, 주제(⑦)와도 직결된다. 이때 주제는 제목(⑨)에도 함축적으로 담길 수 있다. 배경 묘사(⑧)는 사건의 시간과 장소를 제공해줄 뿐 아니라 소설의 분위기를 만들어주기 때문에 빠질 수 없는 항목이다. 또한 이러한 것들을 학생들이 미리 자기 점검하게 하면, 교사의 피드백이나 평가 시간을 단축할 수 있다.

교사의 피드백과
고쳐 쓰기

학생들의 소설에 대한 교사의 피드백은 '플롯 짜기를 위한 사전 질문'과 '플롯을 고려한 소설 쓰기'에서 적어도 한 번씩은 반드시 이루어져야 한다.

이때 가급적 칭찬거리를 많이 찾아서 격려하는 것이 피드백의 중심이 되어야 한다. 학생들의 소설은 대체로 구체성이 떨어지는 경우가 많기 때문에 "인물 A에 대해 설명이 좀 필요할 듯하다", "B는 왜 여기에 왔을까에 대한 설명이 있으면 어떨까", "대화 내용에 C의 성격이 매우 급하다는 느낌이 나면 좋겠어", "D는 왜 말을 못했는지에 대해 설명이 필요해", "다음 장면을 상상해서 보태면 좋겠다", "이 장면은 빼는 게 어떨까? 이야기의 핵심과 동떨어진 정보인 듯한데……", "여기에 앞으로 일어날 일을 암시하는 장면을 넣으면 어떨까", "이 장면은 설명보다는 대화로 구성해보면 좋겠어", "여운을 남기기 위해 마지막 부분은 설명을 빼고 상징적으로 처리하면 어떨까" 등의 필요한 보충 제안을 하는 것도 좋다.

하지만 이때 조심할 것이 있다. 권위에 밀려 고치는 것이 아니라 학생 스스로가 그 피드백을 수용할 것인지 말지를 다시 고민하고 결정할 수 있도록 기회를 주는 것이다. 학생들의 입을 통해 직접 초고의 어색한 부분을 검토하고 수정 방향을 제시하게 한다면 더욱 좋다. 소설을 만드는 것은 학생 개개인의 사고 과정을 거쳐 이루어져야 하기 때문이며, 교사의 생각대로 소설을 만든다고 해서 꼭 좋은 소설이 된다는 보장도 없기 때문이다.

때로는 학생들이 자신의 생각을 고집하기도 한다. 교사의 부정적인 피드백에 방어적이 되기도 하고, 논리성이 결여된 자신의 글이 개연성 있다고 주장하기도 한다. 생각의 힘이 부족해서이기도 하고, 때로는 괴로운 이야기가 숨어 있는데 이를 파악하지 못하거나 혹은 그것이 무엇인지 알고 있지만 잘 드러내지 못하기 때문이기도 하다. 그래서 피상적인 이야기 속에 숨어 있는 진짜 이야기를 꺼내지 못하고 급하게 소설을 마무리하고 마는 경우가 많다. 이럴 때 소설의 내용을 핑계로 학생들의 생활이나 심리에 대해 대화할 기회가 생긴다. 그 과정에서 소설의 질이 높아지는 효과뿐만 아니라, 학생에 대한 이해가 깊어지기도 한다.

학생들이 '플롯 짜기를 위한 사전 질문'의 체크리스트를 놓치지 않고 반영했음에도 여전히 인물 간의 갈등 상황이 제대로 형상화되지 못할 수 있다. 이때는 주인공이 원하는 것을 쉽게 성취하지 못하도록 장애물의 장벽을 높여 고쳐 쓰도록 다시 강조한다. 쉽게 넘을 수 없는 장애물을 만드는 과정에서 학생들은 표면적인 갈등 요인뿐만 아니라, 갈등의 내적 요인도 들여다볼 수 있다. 예를 들어 '열심히'라는 한 단어로 상황을 표현했다면, '열심히'를 장면화하여 구체적으로 그려보도록 요구한다. 그러다 보면 주인공이 장애물을 극복하기 위해 어떤 구체적인 행동을 했는지, 내적인 극복이 있었는지, 그것이 정말 주인공에게 장애물이었는지 등을 다각도로 고려해가며 글을 수정할 수 있다.

다음은 창작 소설 〈답답한 마스크〉[12]의 일부다. 교사의 조언에 따라, 주인공이 원하는 것을 쉽게 이루지 못하도록 갈등의 장벽을 높이는 외적 요인과 내적 요인이 들어갔다. 그로 인해 주인공의 심리 상태가 좀 더 선명하게 부각됐고, 아이러니한 주제 의식이 드러났다.

"효환아, 마스크 써야지!"

담임선생님이 피곤하다는 표정을 지으며 내게 얘기하셨다. 나는 건성으로 대답한 뒤 선생님이 나가시자마자 마스크를 벗고 엎드려 잤다. '왜 마스크를 그냥 걸치고만 있는 애들도 있는데 나한테만 주의를 주는 거지?' 나는 불만이었다. 밖에서는 물론이고 학교 복도를 거닐 때도 당당하게 NO 마스크인 나, 몇몇 애들이 쳐다보면 바로 무서운 눈초리로 되갚아준다. 학교가 끝나고 나는 곧장 PC방에 간다. 우리 엄마, 아빠는 함께 식당을 하셔서 집에 늦게 들어오시기 때문에 매일 게임을 하고 집에 늦게 들어가도 상관이 없다. 맛있는 것도 사 먹고 싶지만 사실 우리 집은 그다지 여유롭지 않다. 식당에 들어가는 돈이며 빚, 누나 학원비 등등 나가는 돈이 많아 식당 일을 열심히 하지 않으면 안 된다. 게다가 요즘 코로나19 때문에 수입이 부쩍 줄어서 마음이 편치 않다. 얼른 코로나가 끝나길 바라며 게임을 하는데, "학생! 또 마스크 안 쓸 거야!" PC방 사장님이 화난 말투로 내게 소리치셨다.

"아, 이제 나가려고 해요."

집에 늦게 돌아와 피곤해서 금방 잠이 들었다. 아침에 일어나 학교 갈 채비를 하는데, 핸드폰에 담임선생님의 부재중 전화가 다섯 통이나 와 있었다. 모르는 번호로도 전화가 왔지만 차마 받을 수 없다. 심장이 미친 듯이 뛰었다. 이윽고 온 문자, 그저께 간 PC방에 확진자가 다섯 시간 동안 있었다는 내용이었다. 내가 마스크 없이 그곳에 있었던 일, 다음 날 학교를 간 일, 부모님 식당에 간 일이 스쳐 지나갔고, 나 자신이 의심 환자라는 사실보다 우리 학교 친구들, 무엇보다도 우리 부모님과 우리 부모님의 식당이 걱정됐다. 속으로 간절히 생각했다. 제발 우리 부모님 가게에 피해가 없었으면……. 엄마 아빠는 곧 들어오셨고 화를 내지 않으시고 나를 위로해주셨다. 나는 너무 죄송해서 방문을 꼭 닫고 아무 말도 할 수 없었다. 내가 확진자가 되면 확진자가 다녀간 식당은 방역 때문에 며칠 동안 식당 영업도 못 하게 된다. 나 하나 편하자고 마스크를 제대로 쓰지 않았던 행동이 너무 창피했다. 밥도 들어가지 않았고 방에서 잠만 잤다.

결국 나의 결과는 음성이었다. 다음 날 일어나 보통 때와는 달리 가장 먼저 마스크를 챙기고 학교에 도착했다.

〈답답한 마스크〉는 코로나19가 바꾸어놓은 교실 풍경을 담은 소설이다. 당시에는 교실에서도 마스크를 착용해야 하는 상황임에도 불편하고 귀찮다는 이유로 마스크를 쓰지 않는 학생들이 있었다. 이로 인한 교사와 학생 간의 실랑이는 코로나19 상황하의 교실에서 낯설지 않은 광경이었다. 이 작품은 학생의 경험을 바탕으로 하여 '개인의 자유와 공동체의 안전 사이의 간극'에 대해 생각할 거리를 제공하고 있다.

주인공의 욕구는 '뭐든 하고 싶을 때 하고, 하기 싫으면 하지 않을 자유'를 누리는 것으로, 마스크 착용에서도 예외가 아니다. 주인공은 욕구대로 행동하다가 마스크로 인해 교사에게 꾸지람을 듣는다. 여기까지가 학생이 처음 쓴 내용이다. 마스크로 인한 갈등 상황이 증폭되어 다른 사람에게까지 피해를 주는 내용에 대해 고민해보라는 피드백을 했다. 이후 장애물의 장벽을 높여주는 요소가 들어갔다. 주인공은 PC방 주인에게 듣기 싫은 소리를 듣고 언짢아지고, PC방 확진자 발생으로 인해 자가 격리를 하게 되면서 마음대로 할 수 없는 처지에 이른다. 주인공의 성격이나 행동이나 말투는 친구를 떠올리며 만들게 했고, 교실에서 벌어지는 주인공과 교사의 대화 장면도 실제 상황을 본떠 만들게 하였더니 글이 생동감 있게 변화되었다.

'개연성'을 여러 차례 강조해서인지, 이 학생은 주인공에게 닥칠 위기나 심리적 동요가 어색하지 않도록 미리 여러 포석을 깔아두었다. 주인공의 부모가 식당을 하고 있으며 코로나19로 인해 최근 식당 운영에 어려움을 겪는다는 점, 주인공이 코로나19에 걸린다면 모두가 난처해진다는 점, 친구 관계도 중요하게 생각한다는 점 등을 미리 소설 앞부분에 넣어서 자가 격리 중에 느끼는 주인공의 내적 동요와 불안을 독자가 납득하게 만들었다.

이런 내용이 글에 반영되자, 마음대로 행동하면 행복할 줄 알았던 주인공의 마음이 불편해졌다는 것이 설명될 수 있었다. 자신으로 인해 부모나 친구에게 피해가 갈 수도 있다고 걱정하는 주인공의 마음이 이해되었다. 행복은 자신이 원하는 대로만 한다고 얻어지는 것이 아니며, 주위 사람을 힘들게 하면서 행복해지기는 어렵다는 이야기가 드러나기 시작했다. 글쓴이가 행복에 대해 그 나름의 철학을 세워 소설을 썼다기보다는, 마스크를 쓰지 않아 벌어지는 단순한 상황을 깊이 있게 들여다보고 세세하게 묘사하여 사건화하는 과정에서 자신의 행동에 대해 성찰할 수 있었던 것이다.

이처럼 여러 번 글을 다듬는 동안 학생들의 사고는 더 정교해지고 단단해진다. 그 과정이 바로 자신을 설득하는 과정이기도 하다. 자신을 설득하지 못한 글은 남도 설득하지 못한다. 다듬고 또 다듬어야 좋은 글이 나온다는 점을 교사는 지나치다 싶을 정도로 강조해야 한다. 사고력과 논리적 표현력은 글을 고치고 다듬는 과정에서 생긴다. 글을 다듬는 일은 스스로 묻고 답하는 과정이기 때문이다. 그것이 글쓰기를 잘하는 지름길이며, 글을 잘 쓴다는 것은 사유와 감정의 논리화·질서화를 잘한다는 뜻이기도 하다.

일반적으로 소설 쓰기 수업의 결과물은 초고는 물론이고 최종 결과물도 완성형이 아니다. 처음부터 훌륭한 작품이 완성되는 매우 특이한 경우도 있지만, 대개는 학생의 자기 점검 및 교사의 피드백을 통한 고쳐 쓰기 과정을 통해 정리되고 완성된다. 이 과정에서, 이를테면 3번 뒤에 추가하고 싶은 글이라면 '3-1'이라고 새로운 번호를 붙여 글을 쓰면 된다.

친구의 소설을 읽으며
또 한 번 피드백

마지막으로, 친구들의 소설을 읽으면서 피드백 해주는 활동을 덧붙일 수 있다. 친구들의 소설을 읽기 위한 활동지를 통해 자신의 소설이 친구들에게 잘 전달됐는지를 살펴볼 수 있다. 만약 제대로 전달되지 않았다면 이야기의 논리적 구조나 주제가 잘 구현되지 못했다는 것이 된다.

학생들의 소설을 정리한 뒤, 반 전체 학생들에게 읽고 싶은 소설 두세 편을 골라 읽고 피드백 활동지를 쓰게 한 다른 학교 사례도 있다. 학생들이 읽고 싶어 선택한 소설이므로 교사가 일방적으로 권하는 소설보다 훨씬 더 열심히 친구의 소설을 읽을 수 있을 것이다.

물론 이러한 활동을 하는 데는 다양한 변수가 생기게 마련이다. 학생들 중에는 자신의 작품이 공개되지 않기를 바라는 경우도 있다. 학생들은 생각보다 발표에 소심한 편이기도 하고, 특히 공개적으로 남의 글을 비평하는 것을 어려워하기도 한다. 그래서 발표를 원하는 학생의 작품이나 참고할 가치가 있는 학생 소설을 교사가 선정하여 제시하는 방법이 실제 수업 현장에서 가장 많이 사용된다.

친구의 소설 읽기 – 예시[13]

1. 이야기의 줄거리를 간단하게 정리하시오.	가난하고 외로운 소년이 혼자 비누 인형을 만들었다. 그 인형은 소년의 유일한 친구가 된다. 그러던 어느 날, 비누 인형을 두고 학교에 갔는데 큰비가 내렸다. 소년은 학교를 마치고 빗속을 달려오지만, 인형은 간데없고 비눗방울만 날리고 있었다.
2. 이 이야기를 통해 친구가 하고 싶은 말이 무엇인지 쓰시오.	친구 없는 아이의 외로움을 그리고 싶었을 것이다. 연희에게 진짜 친구를 만들어주고 싶었는데, 비누 인형이 비눗방울로 변해 사라지는 것은 비누로 만든 인형이 영원한 친구가 될 수 없다는 생각인 듯하다. 이제 입학식을 했으니 진정한 친구가 생길 것이다.
3. 어색한 부분이 있으면 구체적으로 찾아 쓰시오.	비가 온다고 비누가 모두 비눗방울로 변하여 날아갈 수는 없다. 마지막 장면이 환상적으로 처리된 것이 흠일 수도 있다. 하지만 소설이라기보다는 동화 같은 이야기라서 차라리 비누가 조금 뭉개지는 정도로 처리되는 것보다는 극적 효과가 있는 듯하다.

소설 쓰기가
끝난
후

소설 쓰기를 끝낸 후 그 결과물을 2차적으로 가공할 방법에는 어떤 것이 있을지 찾아보자. 수업의 갈무리 작업인 셈이다. 소설책으로 묶는 것은 개별적으로도 가능하고, 학급 단위 문집으로도 만들 수 있다.

소설을 시나리오로 각색해 영화를 제작할 수도 있다. 이럴 경우 모둠에서 시나리오로 바꿀 소설을 채택하기 위해 친구들의 소설을 다시 읽거나 줄거리를 검토하는 작업을 하게 된다. 학생들이 쓴 소설을 시나리오로 각색하면, 무작정 시나리오를 써서 영화를 만들어야 할 때보다 시간도 단축되고 영화의 완성도도 높아진다. 이는 영화 만들기의 진입 장벽을 낮추어주는 효과를 낸다.

소설책 만들기
북아트에서 학급 문집까지

소설책 만들기 작업은 두 가지로 나눌 수 있다. 하나는 개인 작품을 소책자로 만드는 북아트 작업으로, 세상에 단 하나뿐인 나만의 책을 만들어 전시도 하고 개인적으로 소장할 수 있도록 하는 활동이다. 학생들이 창의적인 아이디어로 책 만들기에 참여하도록 북아트 관련 책도 안내해줄 수 있다.

소설책 만들기 작업 시간을 줄여주기 위해 교사가 일괄적으로 소책자를 만들어주는 방법도 있다. 학생들이 자신의 소설을 담은 한글 파일을 교사에게 보내면, 교사는 2쪽 모아찍기 양면에 소책자 형태로 출력해서 학생들에게 나누어준다. 일반 색지보다 두꺼운 색지로 표지를 삼게 하고 제본 테이프로 모서리를 마감해준다. 이후에는 학생들이 표지 그림을 그리고 소설책 안에 삽화를 그려 넣기만 하면 된다. 미술 교과와 융합 수업을 통해 북아트를 진행하는 것도 추천한다.

두 번째는 학급 문집 형태의 소설집을 만드는 작업이다. 이런 생각을 한 것은 학생들이 열심히 쓴 글을 그냥 검사하고 치워버리는 것이 너무도 아까웠기 때문이다. 소설집에는 학생들의 소설뿐 아니라 약력 소개 등을 '각주'에 달아 넣어주었다. 학급 소설집의 제목도 뽑았는데, 학생들의 추천을 받아 다수결로 정했다. 그림을 잘 그리는 학생이 표지 그림을 그렸고, 학급 학생들의 인물화를 그려서 자신의 소설 옆에 넣었다. 담임선생님의 글도 앞에 넣어주었다.

이렇게 묶어둔 책은 다음 해 수업 교재로 쓸 수 있다. 일반적으로 학생들은 두 가지 소설에 반응한다. 하나는 자신들이 공감할 수 있는 소재를 다룬 작품이고, 다른 하나는 또래 학생들이 쓴 작품이다. 학생들의 소설집 중 함께 읽을 만한 소설을 선정해 따로 소설책으로 묶어 수업용 부교재로 활용할 수도 있다.

소설로 영화 만들기
매체 전환의 경험

소설은 드라마, 영화, 뮤지컬, 만화 등 다양한 콘텐츠의 재료가 될 수 있다. 따라서 매체 전환을 경험하면 소설을 쓰는 일에 흥미가 높아질 수 있다. 소설 쓰기 수업을 하고, 이 결과물을 바탕으로 영화 만들기 수업을 진행하면 자연스럽게 두 과정이 이어진다.

모둠원들이 썼던 소설의 줄거리를 정리하여 모둠별로 나누어주고, 시나리오로 각색할 한 편을 선정하도록 했다. 시나리오 각색, 콘티 구성, 스토리보드 그리기, 진행표 만들기 등 사전 작업이 만만찮았으므로 모둠 안에서 자연스럽게 분담이 이루어졌다. 카메라워크나 앵글 사용법도 안내하고, 그중 몇 가지는 반드시 활용하도록 했다. 사전 작업에 충분히 공을 들여야 이후 촬영이 순조롭게 이어진다고 생각하여, 제대로 시나리오가 갖추어진 모둠에서만 영화 촬영을 하도록 했다.

영상 편집이 가능한 학생의 자원을 받아 모둠장으로 삼고, 각 모둠장이 가위바위보로 돌아가며 모둠원을 선택했다. 영화 제작에는 총 여덟 시간의 수업 시간을 할애했다. 시나리오로 각색할 소설 선정과 시나리오 작업에 두세 시간, 영화 촬영에 대여섯 시간이 소요됐다. 학생들이 수업 중에 교내를 배회하지 않도록 미리 각 모둠의 촬영 장소를 신청받고, 스태프용 목걸이도 나누어주었다. 교사의 역할은 수업 시간 내내 촬영 장소를 돌면서 진행 상황을 살피는 것이었다. 그리고 당구장, 카페, 헬스장 장면은 비슷한 효과를 내는 학교 시설을 활용했다. 특히 가발부터 슬레이트, 크로마키용 천 등의 소품을 구입해주었더니 영화 제작의 분위기가 살아났다.

모둠원 전원이 단역으로라도 반드시 참여하도록 했기 때문인지, 평소 친구들과 잘 어울리지 못하는 학생도 모둠원들이 적극적으로 챙기는 모습을 보였다. 영화 제작 앱을 활용해 영화를 만들도록 했고, 수업을 마친 후 2~3일 안에 완성본을 제출하도록 했다. 이후 반마다 상영회를 열고 영화 감상도 했다.

시나리오로 각색할 소설 선정하기, 영화 제작을 위한 역할 선택 [학생 사례]

모둠 이름	① 친구들이 쓴 소설에서 시놉시스(영화 줄거리)의 아이디어 찾기 - 재미있는 줄거리 2개 선택하기 ② 역할 선택 : 편집(모둠장) 감독, 촬영, 진행, 각본 정리 2~3명, 소품, 배역(전원 참여, 감독 제외 가능) 등
임○○ 소설	창작 소설 <재능만능주의>는, 게임계의 최고 유망주로 꼽히는 주인공과 그의 친구 이야기를 다룸. 주인공은 자신을 따라 입문한 지 얼마 안 되는 친구가 자신을 이기자 친구와 사이가 멀어짐. 시합이 있는 날 친구를 이기겠다는 마음에 팀을 위험에 빠뜨리기도 하지만, 감독님의 당부를 듣고 마음을 차분하게 가라앉히고 게임에서 이김. 친구와 함께 입단 심사에 통과되어 같은 팀을 이루는데, 그들 앞에는 아무리 노력해도 당해내지 못하는 실력자가 있음. 노력만으로는 타고난 재능을 이길 수 없는지를 진지하게 묻고 있는 소설임.
김○○ 소설	창작 소설 <17세의 질풍노도의 삶>은, 17세가 된 주인공이 돈만 있다면 오토바이를 사서 타고 싶어 하는 것으로 이야기가 시작됨. 주인공은 부모님에게 들키지 않게 일을 하며 오토바이를 사기 위해 돈을 모음. 결국 오토바이를 산 주인공은 친구들과 바람을 쐬러 다니며 즐겁게 지내게 됨. 어느 날 친구가 이렇게 계속 자신만 생각하며 놀아도 되는 것인지 부

모님을 생각해보라고 조언하고, 친구의 말을 곱씹어보던 주인공은 부모님을 잊고 자신만 좋자고 살아온 세월인 것 같다는 깨달음을 얻음. 이후 주인공은 질풍노도의 시간을 접고 자신의 자리를 찾아간다는 이야기임. 질풍노도의 시기에 일어날 법한 사건이 개연성 있게 전개되며, 자신의 문제에 대해 자각하는 부분이 진정성 있게 다가오는 작품이었음.

왕○○ 소설	창작 소설 <확신의 시작>은, 공부법을 제대로 알지 못해서 막연해하는 친구들의 입장을 대변하는 소설이라는 점에서 의미 있음. 전교 1등인 주인공은 평소 공부하면서 겪은 막연한 불안감을 해소하고자 확신을 가질 수 있는 완벽한 공부법을 찾을 결심을 함. 수많은 컨설턴트들 중 한 명에게서 본질을 무시하지 않는 공부 방법에 대한 아이디어를 얻고, 무작정 공부를 하는 것이 아니라 자신이 무엇을 하는지 정확하게 인지하는 방법을 통해 자신의 공부 방법에 확신을 가지게 됨. 주인공의 지적 탐구에 대한 열의와 성찰적 자세가 고스란히 소설에 담겨 있으며, 공부의 길을 찾는 지적 탐험이라는 주제 의식이 신선함.
윤○○ 소설	창작 소설 <리셋>은, 가난한 집에서 태어나 자수성가한 주인공의 스토리를 담고 있음. 금전적으로 힘들었지만 선생님의 도움으로 장학금을 받고 운동을 시작한 주인공은 부상을 당하기도 했지만 재활로 극복해냄. 주인공의 실력이 더욱 향상되어 미국 프로야구에도 진출함. 결국 주인공은 어려움을

이겨내고 야구 선수들이 꿈꾸는 명예의 전당에까지 이름을 올릴 수 있었음. 자신의 진로와 관련된 야구 분야로 창작 소설을 썼기 때문에 부상이나 재활의 과정이 상세하게 서술된 점이 돋보임.

*경동고등학교 학생들이 자신들이 쓴 소설 중 영화에 적합한 작품을 고르는 과정을 보여주는 활동지 사례다.

다음은 그 당시 썼던 필자의 수업 일기 중 일부다.

가장 눈에 띄는 학급은 5반이었다. 영화 촬영에 호의적이지 않은 학생들이 많았기 때문이다. 특히 3모둠은 야구부 학생 두 명과 3학년 때 직업반으로 가겠다고 결정한 학생 두 명도 있었다. 학교보다는 학교 밖에서 더 주름잡으며 말썽 부리던 학생도 끼어 있었다. 공부를 꽤 잘하는 학생이 한 명 있었는데 이 학생조차 영화 제작에 회의적이었다. 자신이 이러한 구성원들의 무임 승차를 견뎌내며 영화 한 편을 책임져야 한다는 부담감과 선입견이 작용했던 것 같다.

"우리를 데리고 영화 촬영이 가능하다고 보세요?"

3모둠에서 삐딱한 말로 영화 촬영을 거부해보려는 학생들이 있었다. 이때는 교사의 단호함이 필요한 순간이었다.

"결국 영화를 모두 찍게 될 거다. 반드시 단역이라도 다 출연해야 한다. 생각보다 훨씬 재미있을 거다. 언제 영화를 찍어보겠니?"

그런데 제대로 참여하지 않을 것 같던 3모둠의 학생들도 영화 촬영이 시작되자 생각보다 순순히 촬영에 응했다. 수업 중에 학교의 이곳저곳을 누비며 촬영할 수 있는 자유 그 자체가 즐거웠던 모양이다. 3모둠은 김○○ 학생의 소설 〈17세의 질풍노도의 삶〉을 각색했다. 일반적인 학교생활과는 거리가 있는, 그야말로 질풍노도의 삶을 거친 학생의 자전적 소설이었다. 자신의 소설이 선택되어서인지, 소설을 쓴 학생은 주인공도 직접 맡겠다며 적극적으로 영화 촬영에 나섰다. 3학년 때 직업반으로 진로를 결정한 두 학생이 자신의 특장을 살려 음악과 영상 편집을 맡겠다고 했다. 소품도 직접 만드는 성의를 보였다. 생각보다 재미있어하는 것 같았다. 그만큼 영화의 완성도가 높아졌다. 3모둠의 영화에서 가장 인상적인 것은 주인공이 각성하는 순간으로, 부모님 얼굴(하늘에 부모님 배역을 맡은 학생 얼굴이 나타남. CG 처리함)을 떠올리며 새로운 삶을 다짐하는 장면이었다.

주인공을 맡은 학생에게 '갑자기 정신을 차리는 게 말이 되느냐, 개연성이 떨어지는 것 같다'고 말했다. 그랬더니 "정신은 원래 갑자기 차려요"라는 대답이 돌아왔다. 처음에는 그 말이 말장난 같았다. 그런데 오래 곱씹게 하는 말이었다. 아마도 그 학생의 각성 순간은 '이래도 되나, 이것이 맞나' 같은 자신을 향한 누적된 의문들이 임계점을 넘는 순간이었을 것이다. 그럼에도 그 말이 '앞으로 또 그런 방황의 순간이 와도 제자리로 돌아올 수 있어요. 나는 나를 믿어요'같이 들렸다. 다행이라고 느꼈다.

영화 수업을 하면서 인상적인 순간은 여러 번 있었다. 1학기 수업 내내 고개를 들지 않고 책상에 엎드려 있던 학생이 있었다. 친구들과 어울리지도 못하고 전학 가고 싶어 하는 학생이었다. 그 학생만큼은 영화 촬영에서 예외를 두어야 하나 고민하고 있던 차였다. 그런데 영화 촬영을 하러 가자는 모둠 친구의 말에 고개를 들고 못 이기는 척 따라가는 것이었다. 그렇게 그 학생이 자연스럽게 모둠 속으로 편입됐다. 영화 촬영도 끝까지 잘 마쳤고, 그 학생에게 새 친구도 생겼다.

이러한 순간순간 덕분에 소설 쓰기나 영화 만들기에 또 도전하게 되는 것 같다. 교과 동료 교사와 한 협업이나 조율, 긴 수업 시간으로 인한 진도 안배, 번거롭고 귀찮은 많은 활동을 해야 하는 이유를 학생들에게 설득해야 하는 과제, 소설의 어마어마한 양 때문에 생기는 필연적인 과로, 학생들이 교실 아닌 곳에서 영화 촬영을 할 때 생길 수 있는 다양한 변수 등등 넘어야 할 수많은 장벽과 불편함이 있음에도, 이러한 수업이 필요하다고 느끼는 이유다.

교사도
써보자,
소설!

마지막으로, 소설 쓰기 수업에 대한 교사의 확신이 왜 필요한지 강조하고 싶다. 일반적으로 소설 쓰기 수업을 진행하다 보면 다양한 문제와 마주하게 된다. 이러한 문제들을 해결하면서 소설 쓰기 수업을 잘 마무리 지으려면, 갈래에 대한 지식이나 글쓰기 능력 그리고 오랜 지도 경험이 필요하다. 그러나 이보다 더 필요한 것은 교사 자신이 소설과 소설 창작 활동을 좋아해야 하고, 이 활동이 학생들에게 삶을 성찰할 기회를 주고 문학 교육의 목표에 다가갈 수 있게 한다는 점을 믿어야 한다. 그렇지 않으면 학생들이 먼저 알아챈다. 당연히 수업의 효과는 줄어든다.

교사가 자신이 설계한 소설 쓰기 수업 활동을 신뢰할 수 있는 방법은, 교사 스스로 학생들이 밟아 나갈 창작의 전 과정을 미리 체험해보는 것이다. 소재를 찾고, 응시하고, 질문하고, 구성 요소를 설정하고, 주제를 탐색하여 글쓰기로 이어지는 일련의 과정을 교사 스스로 경험함으로써 학생들이 소설을 쓰며 겪게 될 문제에 대한 이해도를 높일 수 있기 때문이다. 창작 과정에 개입하거나 조언할 수 있는 힘도 생길 것이다.

다음은 교사가 직접 소설 쓰기 수업 과정에 따라 쓴 〈돋보기 영호〉의 창작 과정과 소설의 내용이다.

교사의 소설 쓰기 체험

'개요 선택형' 수업 모형 학습지는 학생들이 다른 학생의 경험에서 자신의 경험을 발견하여 한 편의 이야기를 구성하는 것을 돕는 자료다. 교사는 이 중에서 '미안함-친구에게 사과해야 할 일' 하나를 떠올렸다.

> 20년 만에 불쑥 전화를 해서 나를 만나자던 중학교 동창이 있었다. 특히 보험 회사를 다닌다는 말에 나는 난처한 부탁을 하려고 전화를 걸었을 것이라고 오해하여 이리저리 약속을 피하고 만남을 미루었다. 하지만 결국 만날 수밖에 없었는데, 그는 최근 암 수술을 받고 죽을 고비를 넘기면서 중학교 시절 물에 빠져 허우적거리던 자신을 건져준 나를 떠올리게 됐다는 것이었다. 나는 그 일을 어렴풋이 기억하고는 있었지만 굳이 떠올리며 살지는 않았다. 그렇지만 그 친구는 그 일을 잊을 수 없었던 모

양이다. 그리고 나의 도움을 받아 지금까지 살고 있었다는 생각에 이르게 되어 늦었지만 감사를 표하고 싶었다고 했다. 친구를 만나고 돌아와서는 오랜 시간 동안 마음이 편하지 않았다.

교사는 실제 있었던 사건을 떠올리며 한 편의 이야기 구성을 위한 다양한 질문을 하고 답을 찾아보았다. '감춰진 이야기 : 이면에 대한 탐구'를 시작했다. 질문이 꼬리에 꼬리를 물었다.

나는 왜 이 사건을 떠올렸을까, 미안한 일이라면 다른 사람에게도 있을 텐데 왜 유독 그 친구를 떠올렸을까, 정말 그 친구에게 미안한 일 때문에 이 사건이 떠오른 것인가, 나에게 그 친구는 어떤 존재인가, 중학 시절 그 사건은 어떤 일이었나, 그때 그 친구는 나와 어떤 사이였는가, 나는 왜 그 친구를 구했을까, 나는 중학교 시절 그 일에 영향받은 것은 없는가, 수면 아래 잠겨 있던 기억이 심리적 외상 같은 것이 되어 있는 것은 아닌가, 지금 나는 어떤 사람인가, 나는 지금 잘 살고 있는가…….

이야기에 어울리는 인물, 상황에 맞는 배경을 확정하고 번호를 붙여가며 이야기의 순서를 정했다. 친구의 이름을 영호라고 지었다. 그리고 어디서 친구에게 전화를 처음 받는 것이 이야기 상황에 맞을지 오래도록 생각했다. 다음은 교사가 작성한 '플롯 짜기를 위한 사전 질문'의 결과물이다.

플롯 짜기를 위한 사전 질문

항목	질문	교사의 답변
① 욕구	- 주인공이 원하는 것은 무엇인가? ※ 구체적으로 누가, 어떤 욕구를 가지고 있나?	기석은 자신이 손해를 보는 일은 원하지 않음.
② 동기	- 주인공이 원하는 것을 이루고 싶은 이유는? - 주인공이 이러한 욕구를 가지게 된 사연은?	주인공 기석에게 중학교 동창으로부터 20년 만에 만나자는 전화가 걸려옴. 별로 좋은 기억도 없고 20년간 만나지 않았던 친구라서 감각적으로 만나기 싫고, 혹 금전적으로 손해를 입을 가능성이 있다고 생각하여 그 상황을 피하고 싶음.
③ 장애물	- 주인공이 욕구를 쉽게 이루지 못하게 하는 요소는? - 주인공이 겪는 갈등은? - 주인공의 결함은? (심리적, 상황적 요인) ※ 장애물에 번호를 붙인 후	③-1 친구가 자꾸 전화를 함. ③-2 그리고 화자가 생각하는 바를 그의 입을 통해 듣게 되어 만나지 않을 수 없게 함

		다음 항목인 ④에서 주인공의 대응을 쓴다.	(금전적 손해 등의 피해를 입을까 봐 그러는 거냐? 보험 들라고 만나자는 것 아니다 등등).
④ 장애물에 대한 주인공의 대응 [사건화]		※ ③의 장애물에 주인공이 대처하는 모습을 쓰면 사건화가 된다. 사건이 많을수록 내용이 풍성해진다.	③-1 중요한 회의 핑계, 서툰 거짓말. ③-2 마음만 졸이며 질질 끌려 다님. 그리고 장애물을 극복할 수 있는 상황이 아님.
⑤ 조력자		- 주인공의 욕구를 성취하는 데 도움을 주는 요소. ※ 조력자는 없어도 됨. 조력자가 있어도 반드시 욕구가 성취되는 것은 아님.	
⑥ A와 B 중 하나만 고르기	A 욕구 성취	- ⓐ 주인공의 욕구는 어떻게 성취됐는가? (자신의 어떠한 노력, 조력자 등)	
		- ⓑ 성취 후의 심리 상태는 어떠한가? (만족, 후회, 평온, 꺼림직함, 불안 등)	

		- ⓒ 주인공이 미처 예상하지 못했던 깨달음(성찰)이 있다면? ※ 만약 주인공의 욕구가 성취됐음에도 기쁘지만은 않다면 그 이유는 무엇인가?	
B 욕구 좌절		- ⓐ 주인공의 욕구는 어떻게 좌절됐는가?	순수한 감사의 의미로 기석을 찾은 영호의 반복된 요청과 진심.
		- ⓑ 좌절 후의 심리 상태는 어떠한가? (만족, 후회, 평온, 꺼림직함, 불안 등)	후회와 자책.
		- ⓒ 주인공이 미처 예상하지 못했던 깨달음(성찰)이 있다면? ※ 만약 주인공의 욕구가 좌절됐음에도 나쁘지만은 않다면 그 이유는 무엇인가?	상황과 조건을 따지지 않고 남을 도울 수 있었던 어린 시절의 자신과 지금의 자신을 비교하면 슬퍼지기도 함.
⑦ 주제		- 주인공의 욕구가 실현 또는 좌절되는 과정을 통해 주인공이 깨달은 것(성찰)은 무엇인가?	살아가면 갈수록 순수하게 남을 바라보고 남을 도울 수 있는 힘이 줄어들고 있음.

	- 독자는 이 이야기를 통해 인간의 어떤 면을 이해하는 데 도움을 받나? ※ 가급적 완성된 문장 형태로 쓴다.	
⑧ 배경	- 여러 배경 중 하나 이상의 구체적 상황을 만든다. - 시간적 배경(날씨, 계절 등), 공간적 배경 등.	수영장, 술집, 학교, 강가, 상가 등.
⑨ 제목	- 제목은 무엇인가?	돋보기 영호.
	- 제목에 담긴 의미는 무엇인가?	영호가 끼고 있는 돋보기는 세상을 자세하게 보는 도구로 느껴짐. 내게는 필요하나 없는 것임.
⑩ 시점	- 누구의 눈을 통해서 이야기가 서술되는가?	나.
※ 소설의 시작	- 소설을 어떻게 시작하면 좋을까? ※ '소설의 시작'을 고민하면, 플롯을 자연스럽게 구성하게 된다.	서로 연락 없이 지내던 영호에게서 전화가 온다.

플롯을 고려한 소설 쓰기

A 줄거리 쓰기 : (8문장 내외)	진행 순서
기석이 수영 레슨을 받고 나오는 상황에서 중학 동창 영호로부터 20년 만에 전화가 옴.	1
만남. 중학교 시절의 영호, 느리고 질문이 많던 아이에 대한 기억.	2
어색한 술자리, 영호는 기석을 중학 시절의 일로 감사를 표하려고 만남. 기석이 가지고 있는 물에 대한 트라우마에 대해 확인함.	3
중학교 체육 시간에 생긴 어이없던 구조 상황. 수영을 못했던 기석이 위기를 직감하고 앞뒤 재지 않고 영호를 구하려고 함. 영호를 구하고 힘이 빠진 기석은 체육 선생님이 구함.	4
영호가 뒤늦은 고마움을 표현함, 암 수술과 투병에 대해서도 말함. 기석은 속물이 되어가는 자신을 자책함.	5
정현의 상가에서 영호 소식을 들음. 다른 친구들에게 보험 영업을 하면서 열심히 살고 있음.	6

소설 쓰기가 끝난 후

초고를 쓴 후에도 다시 읽고 고치면서 오랜 시간 뒤에 소설을 완성했다. 그러는 동안 이 소설의 주제를 생각해보았다. 이런 소재로 이런 이야기를 쓰게 된 이유가 무엇인지 교사도 알고 싶었다. 질문과 사유와 대답이 이어졌다. 이 소설로 교사가 하고 싶은 말을 다음과 같이 정리해보았다.

이 소설은 두 가지 이야기가 얽혀 있다. 하나는 영호가 중학교 시절 자신의 목숨을 구해준 기석에게 늦은 감사를 표하는 이야기이고, 다른 하나는 자신을 지키며 조심스럽게 살아가고 있는 기석의 세상살이 이야기다.

느리고 질문이 많았던 비호감 영호가 먼저 연락을 했을 때 기석이 보이는 불편한 반응은 자신을 지키기 위한 본능적 방어에 해당한다. 선의를 순수하게 받아들이지 못하게 하는 사회, 사기와 거짓이 횡행하는 세상을 살면서 경험적으로 익힌 본능적 방어 기제이기도 하다. 나쁜 사람이 없는 것은 아니지만 대부분의 사람들은 직접적으로 자신의 이익과 영역을 침해하지 않는 한 어느 정도의 이타심과 동정심을 가지고 살고 있다. 주인공 기석이 바로 자신의 영역을 지키며 조심스럽게 살고 있는 나의 자화상 같다.

반면 영호는 기석보다는 약삭빠르지 않고 느리게 세상을 살아가는 사람이라는 생각이 든다. 나 같은 사람이 편견과 선입견으로 예단하여 조심해야 할 그런 부류의 사람은 아니라는 것이다. 영호에 비하면 내가 더 위험한 사람일지도 모른다. 오히려 영호는 자신의 삶을 돌아보고 무엇을 해야 하는지 생각할 줄 알고 있으며, 그것을 실행에 옮기는 힘도 가진 사람이다.

반면, 기석은 매우 조심스럽게 살아가는 인물이다. 비록 적지만 자신이 가진 것을 잃지 않기 위해 편견과 선입견에 늘 보호색을 띠며 살아가고 있었다. 소설을 쓰는 과정에서 새롭게 알게 된 것도 있었다. 내게 물에 대한 두려움이 있다는 사실이다. 수영을 곧잘 하는 편이지만 그날 친구를 구하고 기진맥진했던 기억은 매우 오랫동안 두려움으로 자리 잡고 있었다. 소설의 마지막에 물에 대한 트라우마를 극복하거나 아니면 다시금 확인하는 장면이 추가됐으면 소설의 완성도는 조금 더 높아졌을 것이라는 아쉬움이 남는다. 이 활동을 통해 나는 소설 쓰기 활동이 일상의 경험 속에 숨어 있는 가치 있는 이야기를 꺼내볼 수 있는 기회를 주고, 자신과 주변을 폭넓게 이해하는 데 도움이 됐다고 생각한다.

소재 찾기, 질문하기, 개연성 만들기, 플롯 짜기, 주제 찾기 등을 마치면 소설은 완성에 가깝다고 할 수 있다. 이렇게 소설 쓰기의 과정을 직접 밟아가면서 나는 이 수업 과정이 생각보다 구체적으로 이야기를 채울 수 있게 도와준다는 것을 알게 됐다. 그리고 본격적으로 글쓰기에 돌입해 수영장에서 친구에게 전화를 받는 장면으로 소설을 시작하여 주인공 기석이 왜 영호와 만나기를 꺼렸는지에 대해 쓰면서 주인공이 어떤 사람인지 다시 생각해보게 됐다. 기석은 창조된 인물이지만 나의 분신이기 때문에, 이는 내가 어떤 사람인지를 살펴보는 자아 탐구와 같은 것이다.

소설을 완성한 후에도 아쉽고 어색한 부분은 남아 있게 마련이다. 다른 사람의 평가가 고쳐 쓰기를 통해 작품에 반영되기도 하지만, 자신이 스스로 하는 평가는 자신의 소설을 객관적으로 볼 수 있게 하는 중요한 기회가 된다. 그리고 창작의 전 과정을 통해 느낀 감정을 드러냄으로써 자신이 한 일이 무엇인지 분명하게 확인하고, 다시 이 일을 할 수 있는 능력이 있음도 확인하는 효과가 있다. 이것이 바로 창작 과정의 내면화다. 그래서 창작 수업을 할 때 학생들에게 소감문이나 평가를 받는 일이 중요한데, 마찬가지로 교사에게도 그러하다.

끝으로, 좋은 글을 쓴다는 일이 쉽지 않다는 점을 다시 한 번 실감하게 됐다. 사유의 폭이 깊어지는 것도 한계가 있는 일이며, 구조적으로 완성도를 높이는 일도 그러하다. 표현을 적절하고 정확하게 하는 일도 어렵다. 국어 교사인 나도 이 과정을 따라가는 일이 만만찮았다. 다만 이 과정을 한번 끝내면서 학생들이 처할 어려움에 대한 이해도가 높아졌으며, 이를 적용할 때 사용할 사소한 팁과 코멘트 등을 얻게 됐다.

소설을 쓰면서, 소설이 하나의 덩치 큰 유기체 같다는 느낌을 받았다. 소설가 프랭크 스위너턴이 인물에 대해 "나는 이제 살아 있는 그들의 목소리를 듣는다. 때때로 나는 인물이 지옥을 향해 전진하는 것을 본다. 그를 멈추게 하려 하나 소용이 없다. 그가 선택했으므로 돌이킬 수 없다"라고 했던 말에 어느 정도 동의한다.

늦은 저녁 책상 앞에 앉아 소설을 쓰는 학생을 떠올려본다. 컴퓨터 게임을 하는 대신 소설을 쓰고 있는 학생의 진지한 눈빛, 자신의 소설을 꼭 읽어보고 평해달라는 문자 메시지……. 자신의 마음속에서 만들어낸 새로운 인물과 대화하고 만나는 그 학생들의 모습이 떠오른다.

세상에
하나뿐인

2

나만의
이야기

학생·교사가 쓴
소설 모음

우리는 많은 기억의 집을 가지고 있다. 그중에는 머릿속에서 쫓아내고 싶은 기억도 있고, 잊지 않으려고 되새기는 기억도 있다. 이제 만나게 될 소설들은 선생님과 학생들이 쓴 것으로, 마음 한편에 숨어 있던 그러한 기억에 기대어 쓴 글이다.

자신의 경험에서 비롯하여 쓴 소설이어서 그런지, 주된 이야기도 성적에 대한 강박, 실수나 오해에서 비롯된 다툼, 친구에게 준 상처 등 학교와 가정에서 일어나는 평범한 일상을 다루고 있다.

이 소설들을 다 읽고 나면 아마도 다들 비슷비슷한 생각을 가지게 될 것이다. '이런 이야기라면 나도 얼마든지 쓸 수 있겠다, 소설이 특별한 이야기가 아니구나, 나만 이런 고민을 한 것이 아니네, 이렇게 생각할 수도 있었는데…….'

이런 순간을 놓치지 말고, 여러분도 한번 소설가가 돼보는 것이다. 누구나 소설 한 편 같은 이야기는 가지고 있다. 소설을 쓰면서 상처받았거나 행복했던 순간의 나를 만나보기를 권한다.

어떻게 만날까?

'왜'라는 손전등을 켜고 깜깜한 나, 안개 낀 나를 헤치고 들어가는 것이다. 생각보다 간단하다.

01 비누 인형
김두필

"두껍아, 두껍아, 헌 집 줄게 새집 다오. 두껍아, 두껍아……."

오늘도 연희는 동네 공사장에서 혼자 흙장난을 하고 있었다. 마침 일요일이어서 공사장에는 일하는 사람도 없었다. 이렇게 연희는 매일 오후만 되면 공사장에서 장난을 치곤 했다. 그러다 공사장 아저씨에게 혼이라도 나는 날이면 연희는 집 앞에서 조약돌을 주워다 소꿉장난을 하거나 계단을 오르내리며 놀곤 했다. 연희는 언제나 혼자였다. 연희가 사는 이 동네에는 연희 또래의 아이들이 없었다.

연희가 사는 집은 버스 정류장에서 계단을 따라 한참을 올라가야 하는 달동네였다. 그 끝없이 이어진 계단을 올려다보노라면 이것이 하늘까지 닿지 않을까 하는 생각이 들기도 했다. 때론 〈오즈의 마법사〉의 그 황금빛 벽돌로 된 길을 떠올리게도 했다. 하지만 그 길에 비해 이곳의 계단 길은 너무나도 초라했다. 삐뚤삐뚤 휘어진 길들은 여기저기가 깨지고 시멘트로

덕지덕지 발라놔서 누더기 같았고, 연희가 오르내리기에는 너무 높았다. 길옆으로 빼곡히 들어서 있는 집들도 초라하기는 마찬가지였다. 색 벽돌로 차곡차곡 쌓은 것이 아니어서 모두 회색빛이었고, 여기저기 흙이 보이는 벽은 손을 대면 금방이라도 푸석한 먼지와 함께 부서져 내릴 것만 같았다.

이런 동네에서도 연희의 집은 맨 꼭대기에 있었다. 동네는 너무 조용했다. 이따금 개 짖는 소리가 들리는 것을 빼고는 아무 소리도 들을 수 없었다. 빽빽한 집의 수만큼이나 많은 사람들이 살고 있었지만, 다들 아침 일찍부터 일터로 나갔다가 듬성듬성 서 있는 가로등에 불이 켜질 즈음에야 돌아오기 때문이었다. 연희네가 이 동네로 이사 온 지도 2년이 지났다. 아버지가 돌아가신 후 살림이 어려워진 때문이었다.

연희의 엄마는 식당에 일하러 나갔다가 아직 돌아오지 않았다. 주위가 컴컴해지고 하늘이 불그스름해지자 연희는 엄마가 오는 게 보이는 집 앞 계단 끝으로 나갔다. 그곳에 쪼그리고 앉아 엄마가 돌아오기를 기다렸다. 엄마가 배고플 때 먹으라고 밥이랑 반찬을 해놓고 나갔지만, 연희는 언제나 이렇게 엄마가 올 때까지 기다려서 함께 밥을 먹고는 했다.

저 멀리 해가 기울어가면서 하늘에 빨갛게 노을이 지는 것이 퍽 아름다웠다. 연희는 엄마를 기다리면서 이렇게 노을을 보는 것을 참 좋아했다. 해가 지는 것을 보며 해가 뜨는 것도 멋질 거라고 생각했지만, 연희는 매일 늦잠을 자는 바람에 해가 뜨는 것은 아직까지 한 번도 보지 못했다. 해가 다 지고 어둠이 몰려왔다. 저 아래에서 건물과 도로를 지나는 차들의 빛은 밝고 아름다웠지만, 조금만 고개를 돌려 골목을 돌아보면 깜깜한 길밖에 보이지 않았다. 어둠 너머로 사람들이 하나둘씩 올라오는 것이 보였다. 조금을 더 기다리자 연희의 엄마도 계단을 올라왔다.

"엄마!"

연희는 뛰어나가 엄마의 허리를 껴안았다.

"또 나와서 기다렸어? 그러지 말라니까 그러네. 그러다 감기 들면 어쩌려고……."

엄마는 연희의 팔을 풀며 이야기했다. 하지만 엄마도 연희가 이렇게 마중을 나와 있는 것이 무척 기분이 좋았다. 엄마가 미리 차려놓은 밥상에 엄마 몫의 밥을 한 공기 더 놓으며 연희와 엄마는 함께 밥을 먹기 시작했다. 한참을 먹다가 연희가 엄마에게 무엇인가 생각나는 듯 물었다.

"엄마, 나 학교 가려면 몇 밤이나 더 자야 돼?"

엄마는 달력을 보고 대답했다.

"음, 그러고 보니 우리 연희 학교 갈 때가 다 됐구나. 스무 밤만 더 자면 되겠다."

하지만 연희는 그것도 너무 길다는 듯이 얼굴을 찌푸렸다. 엄마는 연희가 얼마나 학교에 가고 싶어 하는지 잘 알고 있었다. 그리고 연희가 표현은 하지 않았지만 혼자 집에 있으면서 얼마나 외로워하는지도……. 엄마는 늘 혼자인 연희에게 언제나 미안했다. 그래서 엄마도 역시 연희가 어서 학교에 다니게 되기를 바랐다. 그러면 연희가 집에서 혼자 외로워할 시간도 조금은 줄어들 테니까.

어느 일요일이었다. 그날은 엄마도 일을 나가지 않고 쉬는 날이었다. 그래서 모처럼 그동안 밀린 빨래도 하고, 오랜만에 연희와도 놀아주며 하루를 보내기로 했다. 그래서인지 연희는 아침부터 콧노래를 부르며 즐거워했다. 한참 빨래를 하던 엄마가 연희에게 심부름을 시켰다.

"연희야, 저기 아래 가게에서 빨랫비누 하나만 사다 줄래? 남는 돈으로는 연희 먹고 싶은 거 사 먹고."

연희는 좋아라고 하며 엄마가 주머니 깊숙한 곳에서 꺼내 준 돈을 손에 구겨 쥐고 계단을 뛰어 내려갔다. 그렇게 한참을 내려가니 구멍가게가 나왔다. 연희는 삐그덕거리는 소리가 크게 나는 문을 열고 들어갔다. 가게 안에는 머리를 곱슬곱슬하게 볶은 주인아주머니가 벽에 몸을 반쯤 기댄 채 누워 있다가 연희를 보고는 반갑게 맞았다.

"아이고, 우리 연희 왔구나."

어린아이가 드문 이 동네에서 연희는 무척 귀여운 존재였다. 연희도 귀엽게 인사를 하고, 먼지가 가득 쌓여 있는 선반을 둘러보다가, 비누가 있는 곳을 발견하고는 푸른색의 빨랫비누를 하나 집어 들었다.

"아줌마, 이거하고요……."

방금 집은 빨랫비누를 계산대 위에 놓고 연희는 다시 선반을 살폈다. 과자가 있는 선반에서 한참 이 과자 저 과자를 집었다 놓았다 하더니 갑자기 무엇이 생각난 듯 또 한참을 생각하는 것이었다. 한참 만에 연희가 집어 든 것은 과자가 아니라 또 하나의 빨랫비누였다.

"아줌마, 이거 두 개 주세요."

연희는 아주머니가 까만 비닐 봉투에 담아준 두 개의 빨랫비누를 들고 또 집으로 향해 달렸다. 집으로 돌아온 연희는 비누를 꺼내서 이리저리 살피더니, 못생긴 비누를 엄마에게 주고 모양이 반듯한 예쁜 비누를 가지고 몰래 방으로 들어왔다.

이튿날, 엄마는 연희에게 집을 맡겨두고 다시 일을 하러 나갔다. 그날 오후 늦도록 공사장에는 연희가 흙장난을 하는 모습을 볼 수 없었다. 그리고 집 앞에서 엄마를 기다리며 석양을 바라보는 모습도 찾을 수 없었다. 엄마가 일을 마치고 집으로 돌아왔을 때에도 연희는 여느 때처럼 집 밖에 나와 엄마를 반기고 있지 않았다. 엄마는 순간, 무슨 일이 일어난 게 아닌가 하고 급히 집 안으로 뛰어 들어갔다.

연희는 잠을 자고 있었다. 엄마는 연희를 흔들어 깨우려다 연희의 머리맡에서 여기저기가 깎여 나간 비누 조각을 발견했다. 조그만 칼로 무엇인가를 솜씨 없이 깎아놓은 것이 연희가 한 게 분명했다. 팔과 다리 모양 같은 것이 있는 것으로 보아

아마도 인형을 만들려 했던 모양이었다. 순간, 엄마의 눈가에 눈물이 고이더니 뺨을 타고 흘러내렸다. 그러고는 자고 있는 연희의 이마에 붙어 있는 머리카락을 쓸어주며 소리 나지 않게 흐느끼는 것이었다. 그 비누 조각을 보았을 때 엄마는 연희의 마음을 알 수 있었다. 연희는 비누로 자신의 친구를 만들고 있었던 것이었다.

"연희야, 미안하구나. 미안해, 엄마가 정말 미안해······."

엄마는 더 이상 목소리가 나오지 않았다. 무엇인가 꽉 막힌 것처럼 엄마는 말을 이을 수가 없었다. 그 어린것이 익숙하지 못한 솜씨로 여기저기 비누를 깎은 것을 생각하니 여간 안쓰러운 것이 아니었다. 그날 밤, 엄마는 늦게까지 비누 인형을 만들었다. 몸도 마음도 하루 종일 밖에서 일을 하느라고 지쳐서 쓰러질 것만 같았지만, 잠을 잘 수가 없었다.

이튿날, 조그맣게 뚫린 창문으로 아침 햇살이 들어와 방 안의 어둠을 쫓아내자 연희는 눈을 떴다. 방문 옆으로 밥상이 차려져 있는 것이 엄마는 이미 일찍 일터로 나간 모양이었다. 문득 어제저녁 비누로 인형을 만들던 일이 생각났다. 만들고 싶은 모양을 이미 머릿속으로 몇 번이나 그려보았지만, 정작 만들기 시작하면 생각대로 되지 않아서 무척이나 속이 상했었다. 연희는 밥 먹는 것도 제쳐두고 다시 인형을 만들기 위해 머리맡에 둔 비누 조각을 찾았다. 비누 조각을 본 연희는 깜짝 놀랐다. 그것은 이미 비누 조각이 아니라 인형이 되어 있었다. 연희는 엄마가 만들었다는 것을 금방 알 수 있었다. 연희는 몰래 인형을 만들려 했던 걸 들킨 것 같아 부끄러운 생각이 들었다. 하지만 한편으로는 자기가 그렇게 만들려고 해도 만들지 못한 것이 이렇게 완성되어 있었기에 뛸 듯이 기쁘기도 했다. 그날 오후, 연희는 다시 공사장에 나와서 장난을 쳤다. 손으로 흙장난을 하는 연희의 옆에는 비누 인형이 곱게 뉘어져 있었다.

"두껍아, 두껍아, 헌 집 줄게 새집 다오. 두껍아, 두껍아……."

연희는 여느 때보다 더 신이 나서 두꺼비집을 지었다. 이제 연희가 짓는 모래집은 비어 있는 집이 아니라 비누 인형의 집이 됐다. 소꿉장난을 할 때도 인형은 언제나 연희와 함께였다. 그 인형은 때론 연희의 아들이 되고, 딸이 되고, 동생이 됐다. 비누 인형은 연희의 곁을 지켜주는 하나뿐인 친구가 된 것이다.

여느 때처럼 연희는 비누 인형과 함께 노을이 지는 것을 바라보며 엄마를 기다리고 있었다. 연희는 옆에 놓여 있는 비누 인형을 품에 꼭 안으며 말했다.

"언제까지나 떠나지 않고 내 곁에 있어 줄 거지? 나랑 약속한 거다."

비누 인형은 그런 연희의 마음을 아는지 모르는지 해가 완전히 넘어가서 어둠이 몰려올 때까지도 아무 말 없이 연희의 품에 안겨 있었다.

연희가 학교에 입학하기 전날 밤, 엄마는 잠자리에 들려는 연희 앞에 책가방을 내밀었다.

"엄마, 내 책가방이야?"

연희는 책가방을 메고 거울에 이리저리 비춰보며 좋아서 야단이었다. 그러더니 이불 밑에 놓여 있던 비누 인형을 꺼내 가방에 넣으며 말했다.

"내일부터 우리 학교에 같이 가자. 엄마, 비누 인형을 데리고 학교에 가도 되지?"

들떠 신이 난 연희를 잠자코 지켜보던 엄마는 조심스럽게 대답했다.

"비누 인형은 두고 가거라. 학교에 가게 되면 좋은 친구들이 많을 거란다."

엄마의 대답에 연희는 금세 울상이 됐다.

"안 돼. 비누 인형 혼자서 집에 있으려면 얼마나 외롭고 심심하겠어? 그리고 언제나 곁에 있기로 비누 인형하고 약속했단 말이야."

엄마는 울먹이는 연희를 꼭 안아주었다.

"연희야, 꼭 곁에 있지 않아도 친구가 될 수 있단다. 아빠도 곁에 있진 않지만 엄마는 늘 아빠와 이야기를 나눈단다. 아빠에게 연희가 학교에 가는 것도 말씀드렸는걸."

"거짓말, 아빠가 어디에 있는데?"

"여기 엄마 마음속에, 그리고 연희의 마음속에 있지. 마음에 간직하고 있으면 언제나 곁에 있는 거야."

연희는 엄마 이야기를 다 알아들을 순 없었지만, 비누 인형을 학교에 가져가겠다고 더 이상 우기지는 않았다.

이튿날은 아침 해가 떴는데도 날이 어둑했다. 만약 엄마가 깨우지 않았다면 날이 샌 지도 모르고 연희는 늦잠을 잘 뻔했다. 연희는 학교에 간다는 것이 기쁘기는 했지만, 한편 비누 인형이 마음에 걸렸다. 집을 나서려다 몇 번이고 비누 인형을 들었다 놓았다 하는 연희의 모습을 엄마는 애써 모른 척했다. 그러다 연희는 결심이나 한 듯 비누 인형을 반쯤 열린 창틀 위에 곱게 뉘면서 이야기했다.

"나, 학교 다녀올게. 심심하지 않게 여기서 바깥 구경이나 해."

엄마는 학교 교문이 바라다 보이는 큰길까지 연희를 바래다주었다. 연희는 혼자 남게 되자, 비누 인형이 더 보고 싶어졌다.

'아빠도, 비누 인형도 마음속으로 생각하면 늘 곁에 있는 거야.'

연희는 그렇게 마음을 고쳐먹자 한결 기분이 나아졌다. 마치 어딘가에서 아빠와 비누 인형이 연희를 지켜보고 있는 것만 같았다.

연희는 교문을 들어서려다 하늘을 보았다. 날씨가 별로 좋지 않았다. 교실에 들어섰을 때에는 날씨가 더 나빠져 있었다. 하늘엔 까만 먹구름이 잔뜩 끼어 있었고, 땅은 전부 그 그림자에 가려졌다. 조금 후에는 하늘에서 빗방울이 떨어지기 시작했다. 빗방울이 매우 굵어서 앞도 잘 보이지 않았다. 빗방울을 바라보던 연희는 갑자기 창틀 위에 올려놓은 비누 인형이 생각났다. 순간, 연희는 불안해지기 시작했다. 담임선생님의 이야기는 하나도 귀에 들어오지 않았다. 시간은 또 왜 이렇게 안 가는지 일 분 일 초가 너무도 길게 느껴졌다. 어서 집에 달려가 인형을 안전한 곳으로 옮겨놓고 싶었다. 그렇게 다니고 싶어 했던 학교가 갑자기 갑갑하게만 느껴졌다. 비는 좀처럼 그칠 기미를 보이지 않았다.

학교가 끝나자마자, 연희는 서둘러 집으로 달리기 시작했다. 우산이 없었지만, 그런 것에 신경 쓸 새가 없었다. 옷이 비에 젖어 기분 나쁘게 몸에 달라붙었다. 자꾸만 불안한 생각이 들었다. 빨리 달리고 있었지만, 누가 다리를 잡고 늘어지는 것처럼 매우 느리게 느껴졌다. 버스 정류장을 지나고 골목길로 들어섰다. 계단은 여기저기가 깨져서 곳곳에 빗물이 고여 있었다. 그 높은 계단을 연희는 뛰다시피 올라갔다. 진흙이 묻어 옷이 몹시 더러워졌지만, 연희는 하나도 눈에 들어오지 않았다.

저 앞에 벌겋게 녹이 잔뜩 슨 대문이 보이자, 연희의 달리는 속도가 더욱 빨라졌다. 연희는 멈추지 않고 집으로 뛰어 들어갔다. 숨이 무척 가빠서 진정할 수가 없었다. 방문을 열려는 연희의 손이 떨렸다.

"드르륵."

연희는 방문을 열고 비에 젖은 몸 그대로 방으로 들어갔다. 그러고는 고개를 들어 비누 인형을 놓아둔 창틀을 보았다. 그러나 어디로 사라졌는지 비누 인형은 온데간데없고 방 안 가득 비눗방울만 날리고 있었다. 연희는 멍하니 방 가운데 서 있었다. 비누 인형과 소꿉장난하던 일, 흙놀이를 하던 일, 노을을 바라보며 언제까지나 함께하자고 약속했던 그날이 꿈처럼 느껴졌다.

바람을 타고 흩날리던 비눗방울은 작은 창문을 넘어 먹구름이 걷히기 시작한 먼 하늘로 날아가고 있었다.

소설 <비누 인형>은
이렇게 만들었다
작가 인터뷰[14]

소설의 창작 과정에는 왕도가 없다. 작가마다 이야깃거리를 찾는 방식이나 그것을 다루는 방식이 다르기 때문이다. 그러므로 소설의 창작 과정을 이해하는 가장 빠르고 좋은 방법은 직접 한 편의 소설을 만들어보는 것이다.

한 편의 소설을 만드는 일은 새로운 인생을 만들어내는 것과 같은 매우 흥미로운 일이다.

앞에서 여러분은 여러분 또래가 직접 만든 소설 <비누 인형>을 읽어보았다. 그 학생이 소설을 쓰며 겪었던 과정을 엿보면서 즐거운 소설 창작의 길에 들어서 보자.

어떻게 소설을 쓸 생각을 하게 됐나요?

소설을 써보고 싶다는 생각을 가지게 된 것은 꽤 오래전이었습니다. 밤에 자주 듣곤 했던 라디오 프로그램 중에 노래 제목으로 단편 소설을 써보는 '제목만 따와 봤어'라는 꼭지가 있었습니다. 이 프로그램을 들을 때면 저도 좋아하는 노래들을 떠올리면서 머릿속으로 소설을 썼다 지웠다 했지요. 그러던 가운데 국어 시간에 직접 소설을 써보는 기회가 주어졌습니다.

'비누 인형'이라는 특이한 소재를 어디서 구하게 됐나요?

제가 즐겨 듣던 노래입니다. 이 노래의 노랫말은 동화적인 요소가 짙어서 동화를 즐겨 읽는 저에게는 더할 나위 없이 좋은 소재였습니다. 더구나 슬프고도 환상적인 결말이 제 마음에 꼭 들었지요. 소재를 찾고 난 후 저는 국어 공책을 끼고 저의 첫 번째 소설을 쓰기 시작했습니다. 이렇게 해서 제가 좋아하는 노래 〈비누 인형〉은 한 편의 소설로 세상에 태어나게 된 것입니다.

노랫말과 소설의 줄거리는 어떤 연관이 있나요?

소설의 전체 줄거리는 노랫말과 같습니다. 노래의 제목만 빌려온 것이 아니라 뼈대가 되는 이야기, 즉 줄거리도 빌려왔지요. 다음이 그 노랫말입니다.

먼 옛날의 일이죠. 한 소년이 있었죠.
작은 아이 외로울 땐 비가 내렸죠.
항상 혼자 외로이 꿈꾸던 아이의
뽀얀 안경 눈에 뜨인 비누 한 조각,

우윳빛 비누 인형 소년의 두 손에 깨어나

비밀 얘기들을 밤새도록 속삭이니,

멀리 동이 터오면 가만히 창가에

잠든 인형 올려놓고 학교엘 갔죠.

그런 어느 여름날 검푸른 먹구름 덮이고

퍼붓는 빗속 흙탕길을 달려오니 인형은 간데없고 맑은 비눗방울.

먼 하늘로 소리 없이 날고 있었죠.

먼 옛날의 일이죠. 한 소년이 있었죠.

작은 아이 눈물질 땐 비가 내렸죠.

그래서 소설을 구성하는 일은 그리 어렵지 않았습니다. 이야기의 끝이 확실하게 정해져 있었기 때문이지요. '비가 몹시 쏟아지는 날'과 '방 안 가득히 날리는 비눗방울'이라는 마지막 장면을 먼저 완성하고 나니 이야기는 빠른 속도로 진행되어갔습니다. 그러고는 구체적인 상황이나 인물들의 대화를 순서대로 배열했습니다.

가난하고 외로운 소년이 혼자 비누 인형을 만들지요. 그 인형은 소년의 유일한 친구가 됩니다. 그러던 어느 날, 비누 인형을 두고 학교에 갔는데 그만 큰비가 내립니다. 소년은 학교를 마치고 빗속을 달려오지만, 인형은 간데없고 비눗방울만 날리고 있었다는 이야기입니다.

노래의 내용이 그대로 소설이 된 것은 아닌데, 어떤 것이 변했고, 첨가된 것은 무엇인가요?

노래 속에는 소년이 등장하지만, 비누 인형을 친구로 삼는다는 설정을 하기 위해서 주인공을 소녀로 바꾸었습니다. 물론 소년이 비누 인형과 놀지 말라는 법은 없지만, 보다 있음 직한 경우를 생각해보았어요. 순수하고 부드러운 느낌을 주기 위해서 이름도 연희로 지었습니다. 그리고 비누 인형이 유일한 친구인 연희의 상황을 잘 살리기 위해 아버지를 일찍 여의고 어머니는 하루 종일 일을 나가야 하는 상황을 만들었습니다.

소설의 배경이 무척 사실적으로 묘사되어 있는데, 어떻게 만들었나요?

우선, 헐어낸 집터와 모래언덕 등 연희가 즐겨 노는 놀이터에 어울릴 가난한 산동네를 소설의 배경으로 정했습니다. 그리고 제가 사는 동네의 후미진 골목과 텔레비전 드라마나 다큐멘터리 프로그램을 통해 보았던 것을 종합해서 배경을 만들었습니다.

'버스 정류장 옆을 지나가다 보면 앞으로 보이는 좁은 골목길 입구. 그곳에 들어서면 펼쳐지는 구불구불한 오르막길, 깨어진 계단, 빼곡히 들어선 오래된 시멘트 벽돌집들, 밤이면 어스름한 불빛을 주는 가로등, 헐어낸 집들과 공사장'은 그렇게 만들어지게 된 것이지요.

구체적인 인물들의 대화나 상황은 어떤 방식으로 만들었나요?

소설의 공간에서 벌어지는 인물들의 대화나 구체적 상황은 없는 것을 억지로 꾸며낸 것이 아니라, 어린 시절 저의 경험을 떠올리며 만들었습니다. 모래가 그득히 쌓여 있는 공사장이 최고의 놀이터였던 것도 제 경험이지요.

또 연희와 연희 엄마의 입장이 되어 생각해보려고 노력했습니다. 만약 내가 그런 상황이라면 어떤 마음일까, 무슨 말을 했을까 상상도 해보았습니다. 그것은 즐거운 일이었습니다. '나는 이랬을 텐데, 저럴 때는 저렇게 되겠지?' 이런 생각들이 꼬리에 꼬리를 물면서 저는 점차 제가 만들어놓은 새로운 세상에 빠져 들어갔습니다. 때로는 관찰자가 되어, 때로는 작중 인물이 되어 상황을 만들고 대화를 다듬는 것은 책을 읽으면서 얻었던 '상상하는 즐거움'과는 또 다른 즐거움이었습니다.

비누 인형을 통해 무슨 이야기를 하고 싶었나요?

친구 없는 가난한 아이의 외로움을 글로 쓰고 싶었습니다. 노래를 처음 들었을 때 제 어린 시절이랑 너무 비슷해 가슴이 아팠거든요.

그리고 그런 연희에게 진짜 친구를 만들어주고 싶었어요. 비누 인형이 비눗방울이 되어 사라지는 것은 비누로 만든 인형이 영원한 친구가 될 수는 없다는 생각 때문이었습니다. 학교에 가면 진짜 친구를 사귈 수 있으니까 입학식에 맞춰 사라지게 만든 겁니다.

소설을 다 쓴 뒤 어떤 느낌이 들었나요?

소설을 완성한 것은 새벽이었습니다. 일주일이나 걸렸지만, 그동안 정말 즐겁게 글을 썼습니다. 새벽까지 글쓰기에 집중할 수 있었다는 사실이 바로 그 증거지요.

몇 번의 글다듬기를 거치고 마침표를 찍은 후에도 한동안 소설 속에서 빠져나올 수 없었습니다. 마치 제가 연희가 되어 빗물이 뚝뚝 떨어지는 몸으로 방 한가운데에 서서 흩날리는 비눗방울을 바라보고 있는 느낌이었습니다. 그리고 얼마간의 시간이 더 지난 후에야 저는 '드디어 끝냈다'는 뿌듯함을 느낄 수가 있었습니다. 그러나 아쉬움도 많았습니다. '좀 더 적절한 표현을 쓸 수는 없었을까?', '좀 더 있음 직하게 사건을 전개해 나갈 수는 없었을까?'에서부터 선택했던 단어 하나하나에 이르기까지 말입니다.

이렇게 해서 저는 일주일간의 낮과 밤을 통해 열심히 만들어 나갔던 제 세계의 창문을 닫았습니다. 그러나 소설은 완전히 끝난 것이 아닙니다. 이미 제 마음에는 방이 하나 생겼습니다. 그래서 저는 이따금 그 방 창문을 통해 달동네 골목을 뛰어다니는 연희를 즐거운 마음으로 바라보고는 합니다.

02 빨간 동그라미
정필규

"정혁아, 어서 학원 가야지!"

엄마가 화난 말투로 자고 있는 나에게 소리치셨다.

"엄마, 피곤해서 그런데……. 조금만 있다가 일어나면 안 돼요?"

나는 조심스럽게 엄마의 눈치를 보며 말했다. 순간 엄마의 표정이 바뀌었다. 나는 엄마가 할 말을 잘 알고 있었다. 한 마디 한마디까지. 나는 엄마의 기대만큼 공부를 잘하는 아이는 아니다. 그나마 잘한다는 소리를 듣는 것은 엄마가 학원과 과외에 쏟아 부은 돈과 시간 덕분이다. 물론 나도 엄마에게 혼나지 않으려고 안간힘을 쓰고 있긴 하지만 말이다. 나는 엄마가 생각하는 것만큼 공부를 잘하고 싶은 욕심이 없다. 그러나 엄마는 다르다. 엄마는 내가 무조건 일 등, 백 점 맞기를 바란다. 그래서 그런지 나는 시험을 앞두고는 꼭 체한다. 그날도 그랬다.

"정혁아, 오늘 학교에서 무슨 시험을 본다며 옆집 아이는 벌써 준비 다 해놨더라. 우리 정혁이도 잘할 수 있겠지?"

엄마는 날 깨웠다. 그렇다. 오늘은 내가 제일 싫어하고 못하는 과목인 수학 시험을 보는 날이다.

"엄마! 어떻게 늘 백 점을 맞아? 틀릴 수도 있잖아. 안 그래?"

나는 아침을 먹으며 기어들어가는 말투로 대답했다. 엄마는 나에게 계속 따가운 눈초리를 보내며,

"무슨 소리니? 네가 백 점을 못 맞으면 누가 백 점을 맞니? 넌 잘할 수 있어. 너도 알잖아, 엄마 친구 딸, 그 애도 수학 경시 대회에 나가서 백 점을 맞았다고 하더라. 네가 그 애보다 못한 게 뭐가 있는데? 학원을 안 다니냐, 과외를 안 하냐?"

엄마가 이렇게 말씀하시면 난 더 이상 할 말이 없다. 그래서 아무 말도 없이 헛젓가락질만 계속했다. 오늘따라 더 소화가 안 되는 것 같다. 학교로 가는 도중에도 나는 계속 '다 맞아야 해'라는 말만 속으로 되풀이했다.

"떵동떵동."

종이 울렸다. 두툼한 수학 시험지와 몽둥이를 가지고 선생님이 들어오셨다.

"휴⋯⋯."

나는 한숨만 계속 나왔다. 수학 문제에는 집중도 안 되고 계속 내 머릿속은 온갖 잡생각들로 가득했다. 백 점, 엄마의 기

대, 엄마 친구 딸……. 문제는 생각보다 더 어려웠다. 끝날 시간은 다가왔다. 나는 남은 문제를 제 시간 안에 풀려고 빨리빨리 계산했다. 다른 문제는 어느 정도 해결했는데 한 문제가 쉽게 풀리지 않았다. 이렇게 어려운 걸 엄마는 백 점을 맞으라고 하다니……. 그나저나 다 맞아야 할 텐데.

"땡동땡동."

끝나는 종이 울렸다. 다른 아이들도 시험이 어려웠는지 얼굴이 붉게 달아올라 있었다. 학교가 끝나고 집으로 갔다. 역시나 엄마는 내 얼굴을 보자마자 시험을 잘 봤는지, 다 맞았는지부터 물어보셨다.

"결과, 아직 안 나왔어요."

"오늘 시험 보느라 애썼으니까 뭐든 맛있는 것 사주마."

나는 아무것도 먹고 싶지도 않았다. 다 못 맞을 수도 있는데……. 왠지 한 개가 틀린 것도 같은데……. 틀렸으면 어쩌지. 나는 엄마의 말을 뒤로하고 내 방으로 들어와 침대에 누웠다. 피곤했는지 곧 잠이 들었다.

"띠리리링 띠리리링."

알람이 울렸다. 오늘이 제발 있지 말고 내일로 건너뛰길. 그렇게 기도했건만. 정말 일어나고 싶지 않은 아침이었다. 오늘 수학 경시 대회 결과가 나오기 때문이다. 공부도 그렇게 잘하지도 못하고 다른 것들도 그렇게 잘하지도 못하는 나. 우리 엄마는 내가 공부를 잘할 수 있게 온갖 정성과 투자를 한다. 엄마는 내가 좋은 직업을 가져야지 나중에 잘산다고 생각한다. 그리고 무엇보다 엄마는 바로 이웃, 친구들에게 아들이 공부를 잘한다는 자랑을 하고 싶어 한다. 그런 엄마를 보면 더 잘해야겠다는 생각이 들기도 하고, 한편으로는 엄마가 왜 그럴까 하는 생각도 든다.

"다녀오겠습니다."

나는 무거운 발걸음으로 학교로 향했다. 학교에 도착한 나는 내 자리에 앉아서 초조한 마음으로 기다리고 있었다. 문이 열리고 선생님이 들어오셨다. 우리 선생님은 올해로 오십세를 맞으신다. 선생님은 나에게 관심을 많이 가지고 계신다. 내가 공부를 잘해서인지 아니면 선생님 말씀처럼 어른스럽다고 그러시는지, 하여간 선생님도 엄마처럼 나에게 많은 기대를 하신다. 그런 선생님의 기대에 어긋나지 않으려고 애쓰다 보면, 엄마를 대할 때처럼 가끔 마음이 답답하다. 선생님이 들어오시자 아이들은 모두 조용해졌다. 그런데 어제 본 수학 경시 대회에 대해 별말씀이 없으셨다. 대신 나와 몇 명의 아이들에게 방과 후 남으라고 하셨다. 방과 후 선생님은 우리들에게,

"수학 경시 대회 채점을 너희들이 도와줘야겠다"라고 하시는 것이었다. 뜻밖이었다. 좀 떨리기도 했다. 하여간 우리들은 선생님이 나누어주신 시험지를 채점했다. '내 것은 누가 채점하게 될까?' 내 마음속은 계속 두근거렸다. 그런데 이게 웬일. 내가 내 시험지를 받게 된 것이다. 선생님은 자신의 시험지를

받으면 옆 사람과 바꾸라고 말씀하셨지만 나는 순간 고민했다.

'선생님께 말씀드려야 하나? 애들이 보면 뭐라고 하지 않을까?' 나는 고민하면서, 계속 두리번거렸다.

"정혁이, 무슨 문제 있나?"

선생님께서 물으셨다.

"네? 아니오."

나도 모르게 그렇게 말이 나왔다. 나는 떨리는 심정으로 채점을 했다. 그리고 내 것을 채점하게 됐다. 더 마음이 두근거렸다. 미리 준비해두었던 빨간 펜을 들었다. 1번에 3번, 2번에 5번, 3번에 1번, 4번에 1번. 어, 18번에 3번이라고, 나의 손은 18번에서 멈추었다. 18번에 나의 답은 4번, 나는 순간 어떻게 해야 할지 몰랐다. 맞게 해야 할지 아님 틀리게 해야 할지······. 엄마를 생각하면 맞게 해야 하는데.

친구들이 보면 어떡하지? 맞게 해야 되는 걸까? 그러다가 홀린 듯 나도 모르게 18번에 빨간 동그라미를 치고 말았다.

집에 돌아오자마자 엄마는 또 수학 경시 대회 결과를 물어보셨다. 나는 백 점이라고 했다. 엄마는 행복한 얼굴로, "우리 아들 정혁이, 내가 너 백 점 맞을 줄 알았다니까" 하면서 전화기를 들고 방으로 들어가셨다. 엄마의 전화는 한동안 계속됐다. 나는 기분 좋은 엄마의 모습을 보게 되어 행복했지만 한편으론 점수를 고친 것이 찝찝했다. 누가 보았을까 봐 두렵기도 했다.

그날 이후 내 마음은 심하게 아프기 시작했다. 그리고 거짓으로 된 생활은 절대 안 된다는 교훈도 얻었다. 그러나 교훈을 얻었다고 내 마음이 괜찮아진 것은 아니다. 그 대신 이상한 소리가 내 마음 저편으로부터 들려오기 시작했다. 바로 채점하는 소리 말이다. 내가 한 발짝 한 발짝 걸을 때마다 내 마음속에서는 '쓱쓱 쓱싹' 하며 채점하는 소리가 들려왔다. 내가 뛰어도, 걸어도 내 발자국 소리에 맞추어서 그 소리는 끊임없이 들려왔다. 학교에 있을 때도 그 소리는 여전히 없어지지 않았다. 그 소리가 계속 들릴수록 나는 선생님이나 친구들 얼굴도 바로 보지 못했다. 잊어보려고 열심히 뛰어도 내 마음속에서는 그 소리가 '쓱, 쓱 쓱싹' 하며 내 발걸음에 맞춰 더욱더 커지고 빨라졌다.

그 소리가 견딜 수 없을 만큼 마음에서 커졌을 때 나는 학교로 다시 돌아갔다. 수업이 끝나고 아무도 없는 아주 고요한 나의 교실로 말이다. 나는 조용히 3층으로 올라갔다. 그리고 6학년 4반이라는 팻말이 걸려 있는 교실 앞에서 멈추었다. 한동안 교실 안으로 들어가지 못하고 머뭇거렸다. 나는 아무도 없는 교실 문을 열었다. 채점 검토 중인 수학 경시 대회 시험지가 교실 한편에 고요히 놓여 있었다. 나는 순간 채점 소리가 마음속에서 멈춘 것을 느낄 수 있었다. 나는 한 발짝 교실 안으로 더 들어갔다. 그리고는 칠판 앞에 섰다. 칠판 앞에는 날 위해 준비해놓은 듯 분필 하나가 놓여 있었다. 나는 큰 숨을 내쉬고는 하얀 분필을 쥐었다. 그리고는 칠판에 꾸불꾸불한 글씨체로 한자, 한 자씩 써 내려가기 시작했다.

"선생님, 마음의 소리는 거짓말을 못 하나 봐요. 죄송해요."

03 꼬투리 고기
김성우

꼬투리 고기란 내가 어릴 때 고기의 끝부분에 있는 기름 찌꺼기를 뭐라 불러야 할지 몰라 붙인 이름이다. 꼬투리 고기와 얽힌 그 일은 그때의 나에게는 깊은 상처였고, 지금도 내 삶에 영향을 미치고 있다.

내가 어릴 때, 나는 가장 친한 친구와 친구의 가족들과 함께 점심을 먹으러 가게 됐다. 그 친구는 나와 똑같은 나이에 똑같이 안경을 끼고 비슷한 키에 비슷한 성격까지, 마치 그 친구와 한 가족이라고 해도 믿을 만큼 닮은 구석이 많았다. 그래서 나는 그와 절친이 됐고 학교가 끝나면 거의 매일같이 그 친구의 집에 놀러 갔다. 이렇게 친한 친구와 같이 점심을 먹으러 가니 매우 행복했다. 나는 그 친구와 핸드폰도 하고 얘기도 나누며 즐거운 마음으로 식당에 도착했다.

우리가 도착한 식당은 고기 뷔페였다. 옆에는 고기가 들어 있는 진열장이 있었고 눈앞에 테이블은 스무 개가 넘었다. 하지만 점심때여서 그런지 고기를 먹으러 온 손님들은 한 명도 없이 휑한 느낌을 주었다. 친구의 부모님은 자리에 앉으셨고 나와 친구는 진열장에 달려가 먹고 싶은 고기를 골랐다. 서로 먹고 싶은 고기를 가져오고 우리 스스로 고기를 구웠다. 나는 고기를 구워본 적이 없어서 신기하고 재밌기도 하면서 탈까봐 걱정됐다. 그래도 친구는 많이 구워봤는지 잘 구웠고 내가 고기를 굽는 것까지 도와주었다. 덕분에 고기도 잘 구울 수 있었고 친구와 서로 바꿔 먹으면서 행복한 마음으로 먹을 수 있었다. 하지만 내가 말한 그 사건이 일어나고야 말았다.

내가 구운 고기 중에는 고기에 징그러운 기름 찌꺼기가 붙어 있는 고기가 있었다. 나는 그 부분을 떼고 고기를 먹었지만, 내 그릇에 그 기름 찌꺼기는 그대로 남아 있게 됐다. 지금 생각해보면 가만히 놔둬도 되고 휴지에 싸서 쓰레기통에 버려도 됐다. 하지만 나는 그 기름 찌꺼기, 꼬투리 고기를 내 옆에 계신 친구의 어머님께 드렸다. 그것도 내가 양보하고 배려하는 것처럼! 그때는 어렸기 때문에 골칫거리인 꼬투리 고기를 치울 뿐 아니라, 양보하고 배려함으로써 얻는 칭찬, 자기만족 이 두 토끼를 모두 잡으려고 했다. 이 행동으로 인한 후폭풍은 생각지도 못하고.

내가 꼬투리 고기를 친구의 어머님께 드리는 모습을 보신 친구의 아버지는 화가 나신 얼굴로 어떻게 그런 고기를 줄 수 있느냐고 하시면서 나를 혼내셨다.

사람들은 '이런 게 뭐가 상처씩이나 되냐, 다른 사람에게 혼날 때도 있고 그렇다'라고 생각하겠지만. 그때의 나에게는 큰 충격이었다. 그 친구와 나는 가장 친한 친구고 가족 같았기 때문이다. 그때의 나는 내가 먹기 싫은 것을 어머니에게 넘겨드리는 것을 당연하다고 생각했고, 친구의 부모님은 마치 나의 부모님 같았다. 그래서 나의 어머니에게 했던 것처럼 친구의 어머니에게도 그렇게 했던 것이다. 하지만 절대 화를 내지 않을 것 같던 친구의 아버지께서 내게 호통을 치셨고, 그 순간 친구와 가족 같던 그 느낌이 완전히 부서지는 듯했다.

그때 난 깨달았다. 나는 이 가족의 구성원이 아님을. 나와 이 가족은 남이라는 것을. 그 순간 내 눈에 꼬투리 고기가 들어왔다. 그 꼬투리 고기가 마치 내 신세와 비슷하다고 생각됐다. 불필요하고 치워버리고 싶은 그런 꼬투리 고기 같은 인간이 되어버린 것만 같았다. 그 후 점심을 먹는 동안에도, 집에 가는 동안에도 분위기는 되게 서먹했다. 집에 돌아가기 위해 타고 가는 그 차는 점심을 먹기 위해 타고 왔던 그 차와는 다른 차 같았다.

지금 생각해보면 그 일은 다른 사람들이 말하는 것처럼 별것 아닌 일이다. 하지만 그때의 나는 어렸고 사소한 일에도 상처받기 쉬웠다.

이제는 그 일로 인해 다른 사람들을 배려하고 내가 한 행동에 대해 더 깊이 생각하게 됐다. 마음도 더 단단해졌다. 실수를 하고 계속 상처를 입어 굳은살이 박이는 것처럼.

만약 그때 그 일이 없었다면 나에게는 아무 상처가 남아 있지 않았을까? 그건 아닌 것 같다. 뭐가 됐든 모든 일을 전부 피해 가기는 어려울 것이다. 다른 이유로 이런 비슷한 일이 일어났을 것이다. 이런 일은 마치 운명처럼 누구라도 피해 갈 수 없다.

마지막으로 어릴 적 나에게 말해주고 싶다. 시간이 지나면 괜찮아진다고. 다음에는 그렇게 하지 않으면 된다고. 그 일을 딛고 일어서자고.

04 소음
이기찬

그날도 역시 특별할 것 하나 없는 하굣길이었다. 실수로 하나 뿐인 지우개를 두고 온 것이 생각나 터덜터덜 반에 돌아갈 때까지도, 다시 밖으로 나와 몇 마디 불평을 웅얼거리며 식수대 옆을 지나갈 때까지도, 그러다 문득 목이 말라 물 몇 모금 마시고자 식수대로 향할 때까지도 특별할 것 하나 없는 하굣길이었다. 그러나 물을 실컷 마시고 고개를 들던 그 순간, 식수대 본체 위에 놓여 있던 하얀 무선 이어폰을 보게 된 것은 차마 '특별한일'이 아니라고는 할 수 없을 것이다. 아마도 칠칠맞지 못한 누군가가 정신없이 운동장에서 뛰어놀다가 깜빡한 결과일 것이라는 생각이 들었다.

그렇게 한참을 서 있다가 주변을 슥 한번 둘러보았다. 넓은 운동장은 드물게도 텅 비어 있었고 저 멀리에 간간이 하교하는 아이들이 서너 명쯤 보였으나 내가 식수대 앞에 있던 것은 아무도 눈치채지 못한 모양이었다. 나는 잠시 머뭇거리다 그것을 바지 주머니에 집어넣은 뒤 재빨리 걸음을 옮겼다. 교문을 지나쳐 아파트 단지로 향하던 순간, 발걸음은 희한하게도 가벼웠고 심장은 미친 듯이 쿵쾅거렸다. 어쩌다 그런 '나쁜 짓'을 하게 됐는지는 생각하고 싶지 않았다. 집에 도착해 거실을 둘러보니 엄마는 일을 나간 모양이었다. 집 안엔 아무도 없었지만 나는 왜인지 내 방 이불 속에 깊이 파묻힌 채로 그것을 꺼내 낡은 핸드폰과 연동시키고 음악을 재생했다. 머지않아 내가 가장 좋아하는 팝송의 전주 소리가 들려왔다. 입가엔 희미한 미소가 번졌지만 생각했던 것보다는 조금 덜 기쁜 느낌이었다.

그날 이후 나는 어딜 가든 그것을 몸에 지니고 다녔다. 겨우 얇디얇은 줄 하나가 사라졌을 뿐이었지만, 이젠 학교에서도 눈치 볼 것 없이 음악을 들을 수 있었다. 우스꽝스러운 원숭이를 쳐다보는 듯 나를 향하던 시선들도 더 이상 느껴지지 않았다. 이따금씩 내가 도둑질을 했다는 것이 실감 나고 양심의 가책도 조금 들었지만, 그것에서 흘러나오는 경쾌한 팝송을 듣다 보면 그런 생각들은 마음 한쪽 깊은 곳으로 떠밀려 어느새 사라져 있는 듯했다.

그것을 갖게 된 지 며칠이 지난 어느 쉬는 시간이었다. 교과서를 가방에 집어넣고 어김없이 그것을 집어 두 귀에 꽂으려던 순간, 쾅 하고 문 열리는 소리와 함께 옆 반 유찬이가 우리 반에 등장했다. 유찬이는 말이 많고 남의 일에 참견하는 걸 좋아해 자주 다른 반을 오가며 여러 가지 이야깃거리들을 풀어놓곤 했다. 이번에도 유찬이는 대뜸 이야기를 나누던 아이들 무리에게 다가가더니 새로운 화제를 꺼냈다.

"야, 4반 한별이 며칠 전에 운동장에서 무선 이어폰 도둑 맞은 거 있잖아, 그거 아직도 범인 못 찾아서 교무실에 신고하고 왔대."

그 말을 들은 순간 머릿속에서 무언가 크게 요동치는 듯한 느낌이 들었다.

그것이 지금 누구의 손에 있는지 나는 알고 있다. 게다가 한별이라면 키도 크고 운동도 잘할 뿐만 아니라 위험한 형들과도 어울린다는 소문이 있었다. 내가 그것을 가져간 걸 알게 된다면 어떤 일이 벌어질지는 불 보듯 뻔했다. 반 아이들이 하나둘 입을 열고 떠들기 시작하는 소리가 물속에 있는 것처럼 먹먹하게 들렸다. 나는 귀에 꽂으려던 그것을 재빨리 가방 속 깊은 검은 구석에 쑤셔 넣었다. 심장이 빠르게 쿵쾅거렸다.

학교가 끝나고 집에 돌아올 때까지도 흥분은 쉽게 가라앉지 않았다. 내가 며칠 전부터 그것을 쓰던 것을 누군가 기억하진 않을지, 한별이가 무선 이어폰을 잃어버린 게 아니라 잠시 식수대 위에 두고 갔던 것인지, 앞으로 그것을 어떻게 해야 할지 등 오만가지 생각들이 한군데 뒤엉켜 내 머릿속을 이리저리 헤집어놓았다. 남의 물건을 훔쳤다는, 잊고 싶지만 이제는 절대 잊을 수 없게 된 사실은 내 머리를 무겁게 짓눌렀다. 그러면 안 된다는 걸 알면서도 그것을 주머니에 넣었던 과거의 나에게 화가 났고, 그러면서도 여전히 그것을 잃기 싫다는 생각을 하고 있는 지금의 나에겐 훨씬 더 화가 났다. 책상 앞에 앉아도 아무것도 손에 잡히지 않아 그냥 침대 위에 드러누워 한참 동안 멍을 때렸다.

그날 밤, 엄마 아빠가 모두 잠든 늦은 시간에 나는 조용히 소리를 죽이며 가방을 열고 그것을 꺼냈다. 그것을 바라보는 동안, 내 마음은 달콤할 것이 분명한 마시멜로를 눈앞에 둔 어린아이처럼 세차게 흔들렸다. 그렇게 또 한참의 시간이 지난 뒤, 나는 마지막으로 가장 좋아하는 팝송을 재생했다. 이제 그 음악 소리는 귀뿐만 아니라 마음 깊은 곳까지 사납게 찔러대는, 시끄러운 소음처럼 느껴질 뿐이었다. 내일 아무도 모르게 다시 식수대 위에 올려놓으면 되겠지. 그런 생각을 하며 나는 조용한 마음으로 잠에 들었다.

05 돋보기 영호

최용석

영호에게서 전화가 온 것은 작년 어느 봄날이었다. 내가 일주일에 세 번씩 다니는 회사 앞 수영장에서 막 나오고 있을 때였다. 한 손에 양복저고리를 들고 젖은 머리를 다른 손으로 털어 말리며 사물함 키를 카운터에 맡기고 있었다. 이십오 미터 길이의 수영장을 한 시간 동안 쉼 없이 돌고 나온 터라 샤워를 하고 난 뒤에도 계속 흐르고 있는 땀을 팔뚝으로 닦으며 수화기를 귀에 갖다 댔다.

"기석이지? 목소리 하나도 안 변했네. 나, 영호다. 남천중학교 3학년 4반. 너, 3학년 4반 반장 기석이 맞지?"

갑작스러운 일이었으나 수화기 너머로 들려온 목소리를 나는 금방 알아들을 수 있었다. 중학교 시절 아이들이 무단히도 따라 하며 놀리던 그 느릿하고 어눌한 발음과 살짝 더듬는 듯한 말투. 두툼한 돋보기안경 너머로 멀뚱하고 큰 눈망울이 선해 보이던 그 얼굴도 떠올랐다. 그러나 그때 나는 반가움보다 '어, 이걸 어떡하지?' 하는 생각이 퍼뜩 스쳤다. 자신의 정체를 또박또박 설명하는 영호의 목소리에는 설렘이 묻어 있었고 조금은 들떠 있기도 했다. 하지만 나는 하나도 설레지 않았다. 되레 귀찮아지기 시작했다. 그리고 그의 들뜬 목소리를 특별한 목적이 있어 만들고 있는 의도된 부풀림이라고 읽고 있었다.

정확하게 말하자면 나는 그를 경계하고 있었다. 영호에 대한 학창 시절의 기억도 그다지 유쾌한 것이 아니었다. 특별히 친하지도 않았을 뿐만 아니라 딱히 보고 싶다는 생각을 해 본 적도 없었기 때문에 반가움은커녕 부담스러움이라야 훨씬 적당한 표현이라 할 수 있었다. 게다가 오랜만에 걸려오는 고향 친구들의 전화는 대체로 특별한 목적을 가지고 있는 경우가 많아서 우정이랄까 뭐 그런 낭만적인 이유는 없었기 때문이었다. 그 연락의 결말은 대부분 보험을 들어달라거나 카드를 만들어달라는 부탁이기 일쑤였다. 오랜 타향살이와 몸에 밴 조심성도 한몫했다. 아는 사람 없는 곳에서 애먼 꼴 당하지 않고 살려면 사람들을 관찰하고 판단하는 데 익숙해져야 했다.

"아아, 수영장에서 막 나와서."

"참, 너 수영 잘하지."

갑작스러운 전화에 당황해하던 나는 수영을 잘한다는 뜬금없는 칭찬을 이상하게 생각하면서도 혹시 그런 나의 감정이 그에게 전달되지나 않았을까 하는 걱정에 억지로 목소리를 조금 키워 묻지도 않은 상황을 설명했다.

"으응. 배도 나오고 해서. 나이가 그래서 그런지 힘드네, 이제. 다리 힘도 풀리고 벌써……."

그러나 영호는 나의 이야기에는 아랑곳하지 않고 화제를 바꾸어 어디 사는지, 무얼 하는지, 가족 구성원은 어떻게 되는지, 구체적인 나의 신상 정보에 대해 궁금해했다. 필요한 사항을 하나하나 물어보는 전화 상담원처럼 영호의 질문은 계속됐다. 나는 이미 공개된 개인 정보만 골라 대충대충 이야기해주었다.

하지만 영호의 질문은 계속 이어졌다. 꼭 전화 너머로 꼼꼼하게 받아쓰고 있을 것 같은 느낌이었다. 질문도 미리 다 뽑아놓고 펜으로 짚어가며 하는 것 같았다. 아니, 서류 양식에 내 말이 그대로 기록되는 듯한 착각이 들기도 했다. 이어지던 질문이 끝날 무렵 나도 예의상 비슷한 질문을 몇 개 던졌다.

내 짐작이 맞았다. 그는 보험 영업을 하고 있었다. 지방 대학을 졸업하고 가까스로 대기업 계열사인 보험 회사에 입사하여 근무를 했다고 한다. 그러던 중 몸이 좋지 않아 회사를 그만두고 요양을 했고, 이번에 몸이 좀 괜찮아져서 다시 일을 시작하게 됐다고 했다. 여기까지도 내 짐작이 맞았다.

"얼굴 한번 보자. 네가 있는 데로 갈게. 혜화동이라고 했지. 다음 주에 그 근방에 갈 일이 있는데 잘됐다."

나의 의심이 물증에 가까운 확신을 얻기에는 모자람이 없었다. 사실 결정적인 물증을 잡았다기보다는 내가 확인한 내용을 결정적 증거로 채택했다는 것이 더 정확한 표현이겠지만 어쨌든 내 생각대로 그는 예정된 계획을 진행하고 있었다. 목소리에는 단호함마저 묻어났다. 그 단호함이 무엇을 의미하는지 안다고 생각했기 때문에 나는 어떻게든 핑계를 대고 싶었다. 하지만 근처로 오는 길에 얼굴 한번 보자는 그를 마다할 도리는 없었다. 그래서 그러자고 웃음 섞어 불편함을 가린 채 대답했다. 그러자 다시 그는 자기가 나한테 진 빚이 많다며, 중학 시절 나의 모습에 대해 찬사에 가까운 기억을 늘어놓았다. 아무리 따라가려 해도 따라갈 수 없었던 성적에 대해서 그리고 남을 배려하는 의협심 많은 아이였다는 이야기도 했다. 그러면 그럴수록 나는 특별한 목적으로 생각이 번졌다. 이 모든 것이 미리 준비된 시나리오라는 확신을 가지게 됐다. 전화가 거의 끝날 무렵 갑자기 그는 한마디 덧붙였다.

"보험 넣어달라는 거 아니니까 걱정 말구."

나는 갑자기 얼굴이 화끈 달아올랐다. 전화기 너머로 마치 내 표정을 보고 있는 것처럼, 내 속을 다 들여다보고 있는 것처럼. 그러나 이런 나의 생각 자체가 부끄럽다기보다는 이런 나의 생각을 감추지 못한 것이 훨씬 더 부끄러웠다. 마치 골목길에 세워진 자동차 사이에서 무단 방뇨를 하다가 자동차에 시동이 걸리고 헤드라이트가 켜지면서 나의 가장 은밀한 부분이 드러난 것처럼.

약속 날짜가 다가오자 나는 중요한 회의를 핑계로 그와의 약속을 일부러 깼다. 한 차례 의도적으로 약속을 미루며 완곡하게 불편함을 드러내기로 마음먹었기 때문이었다. 거짓으로 둘러대고 싶지는 않았기 때문에 영업부와 다음 주에 하기로 했던 회의를 당겨 일부러 일정을 잡았다. 만약 약속이 없었다면 거짓말을 해야 하는 상황이라 저번처럼 전화하는 목소리가 떨려서 영호가 알아챌 것만 같았다. 하지만 실제로 회의를 잡고 나니 내 전화하는 목소리가 아주 자연스럽고 힘차게 느껴졌다. 게다가 전화로 불편한 것이 만나서 불편한 것보다 나을 것이라고도 생각했다. 그리고 가능하면 이 느낌이 영호에게 전달되어 다음 약속을 잡지 않게 되기를 바랐다. 그렇지만 그는 나를 만나겠다는 의지를 꺾지 않았다.

영호를 만난 것은 처음 전화를 받은 날로부터 2주가 지난 어느 날이었다. 약속 장소에 서 있는 영호는 말쑥한 감색 싱글 양복에 하늘색 넥타이를 매고 있었다. 전화 너머로 이야기를 나누며 상상했던 것과는 외모상으로 많이 달랐다. 얼굴은 푸근하고 부드러웠다. 어릴 적 거무데데하던 피부는 하얗게 변해 있었고, 벌써 앞머리가 뒤로 많이 올라간 것이 사십 줄에 든 아저씨 태가 났다. 하지만 볼록한 원시 안경은 여전히 큰 눈을 두드러지게 보이게 했다.

영호는 중학 시절 검은 뿔테 안경에 학교에서 유일하게 돋보기 같은 원시용 안경을 쓰고 있던 학생이어서 별명이 돋보기였다. 그리고 그 별명을 부르는 것을 몹시 싫어했지만 큰 눈을 더 크게 뜨고 말을 더듬거리던 숙맥이었다. 깡마른 체격에 운동도 못하고 숫기도 없던 아이. 그러나 아이들은 그를 지속적으로 괴롭히며 놀렸다. 아니, 그래서 놀렸다. 몇 명이 내돌리기 시작하자 다른 아이들도 그 분위기에 휩쓸려 죄책감도 없이 대놓고 놀리고 그를 괴롭혔다.

그는 또 물색없이 질문을 해대는 것으로도 반에서 이름이 나 있었다. 대개 아이들은 질문보다는 어려운 문제가 자신에게 질문으로 떨어지는 것을 두려워하여 선생님의 눈을 피하기 마련이었지만 성적과는 상관없이 공부를 열심히 했던 영호는 이해되지 않는 부분이 나오면 꼬치꼬치 따져 물었다. 게다가 그는 행동과 말뿐 아니라 이해의 속도도 조금 더딘 편이어서 영호가 질문을 시작하면 선생님들도 혀를 내두르기 일쑤였다. 한번은 그가 국어 선생님에게 반어와 역설에 대해 꼬치꼬치 캐묻고 있었는데, 선생님은 제대로 답할 수 없었고 결국 짝꿍이랑 열심히 떠들고 있던 한 학생이 불려나와 귀싸대기를 맞는 것으로 수업이 끝이 났다.

삼겹살에 묵은지를 곁들여 어색한 저녁 자리가 시작됐다. 내가 소주를 한 병 시키자 영호는 사이다를 한 병 시키며, 자기는 술을 먹을 수 없는 처지라고 했다. 나도 마흔이 넘으며 건강에 적신호가 켜지기 시작한 터라 별말 없이 웃음으로 상황을 받았다. 이내 밑반찬과 음료가 나왔다. 술과 음료를 한 잔씩 따르고 우리는 삼겹살이 익도록 기다리며 전화로 이미 주고받은 정보들을 확인했다. 고기가 쉽게 익지 않았다. 불을 조절하거나 마늘을 불판에 올리고 묵은지를 삼겹살 아래에다 놓아 굽는 일을 하며 영호의 눈을 피하고 있을 때 영호가 불쑥 말을 건넸다.

"나, 죽을 뻔했다."

갑작스러운 그 말에 나는 눈을 들고 빤히 그를 처다보았다.

"중학교 때 네가 한 번 날 살려줬잖아. 그러니까 난 세 번째 살고 있는 거야."

나는 영호가 죽을 뻔했다는 처음 말보다 중학교 때 내가 영호를 살렸다는 그다음 말에 훨씬 눈을 크게 뜨고 고개를 들었다. 무슨 이야기인지 도무지 갈피를 잡을 수 없는 내용이기도 했지만 혹시 내가 그런 일을 했다면 왜 기억에 없는지 알 수 없는 노릇이었기 때문이었다. 만약 내가 무언가 영호를 위해 한 일이 있다면 내가 그것을 기억하지 못할 이유가 없다고도 생각했다. 집게를 잡고 묵은지를 뒤집던 손을 내리고 불을 조금 줄였다. 그러자 다시 영호가 집게를 잡고 고기를 뒤집으며 아래를 보고 있었다. 나는 그를 빤히 처다보고 있었고 영호는 고기를 다 뒤집은 뒤에야 한잔하자며 술잔을 들었다.

"우리 중3 때 방학 보충수업을 받았을 때 체육도 보충수업을 했지. 기억나? 거, 왜, 국·영·수만 수업한다고 말들이 있었나 보다며 체육까지 뭐하려고 보충수업을 하느냐고 다들 투덜

거렸지. 그래서 내가 담임선생님에게 물었지. 왜 방학 중에 체육 수업을 받아야 하느냐고. 그것도 모두가. 그랬더니 담임이 싸가지 없다고 나를 혼냈지. 그때 사사건건 나를 괴롭히고 놀리던 정현이 그 자식이 또 선생님 편을 들었지. 연합고사에 체육도 시험 친다고, 체력장 잘 하려면 보충수업 받아야 하는 거라고. 그때 시골에서 농사짓는 아이들이 무슨 체력장 준비를 방학까지 학교에서, 그것도 보충수업으로 하느냐며 네가 내 편을 들었는데……. 나 그때 무척 고마웠는데. 너 기억 안 나는구나."

"그게 무슨 사람 살린 이야기냐?"

"그거 말구. 정말 기억 안 나? 남천강에서……."

나는 고향에 있는 남천강을 떠올렸다. 그리고 숨은 파일을 찾듯 검색을 위한 손전등을 내 머릿속 구석구석에다 비추고 있었다. 그제야 내 머릿속 깊숙이 놓여 있던 몇몇 기억들이 올라오기 시작했다. 그랬다. 체육까지 보충수업을 하던 중학교 3학년의 여름방학, 주로 체육 선생님이 던져주던 공을 받아 축구를 하던 우리들은 딱 하루 남천강에 나가 수영을 했다. 그때 나는 누군가를 구하러 물속으로 뛰어들었으나 되레 물속으로 가라앉아 사경을 헤맸던 사건이 떠올랐다. 나는 그날의 기억이 일종의 트라우마로 자리 잡아 결혼 전까지 물과 관련한 일체의 레저 활동을 중단했다. 심지어 신혼여행으로 간 태국의 유명

바닷가에서 스노클링을 할 때에도 아내와 떨어져 배에 혼자 남아 있어야 했다. 이후 마흔이 넘어서야 나는 회사 앞 수영장에 등록함으로써 비로소 이 정신적 외상으로부터 빠져나오기 시작했다. 큰아이와 물놀이 공원에 가는 문제로 아내와 크게 싸운 뒤의 일이었다.

여름방학 보충수업 마지막 날, 그날도 우리는 뙤약볕 아래 4열 횡대로 열을 맞추어 체육 수업을 기다리고 있었다. 하지만 그 시간이 지나면 길고 지루하던 보충수업도 끝이 나서 진정한 방학이 시작되기 때문에 다소 홀가분한 마음으로 서 있었다. 종이 울리고 한참이 지나서야 나타난 선생님은 전과는 다르게 수건을 목에 두르고 있었다.

"이게 마지막 시간이지? 그래서 오늘은 남천강으로 가서 수영을 하기로 한다. 자유형과 견형(?)을 공부하기로 한다."

아이들이 일제히 환호했다. 어줍은 농담을 하고는 혼자 키들거리기까지 하는 것으로 보아 선생님도 방학이 시작됨을 즐거워하는 것으로 보였다. 그러고는 준비운동을 시작하려고 막 호루라기를 입으로 가져가고 있을 때 영호가 질문을 했다.

"견형(犬型)이 맞아요, 견영(犬泳)이 맞아요?"

사실 나도 자유형과 배영이 철자가 다르다는 사실을 진작부터 궁금해하던 터였다. 그러나 질문은 하지 않았다. 혹시 질문을 했다가 괜한 야단이라도 맞고 무안을 당할까 봐 하지 못했었다. 그러나 주위의 분위기를 파악하지 못한 영호는 거듭 질문을 쏟아놓기 시작했다.

"자유형은 '형'인데, 배영은 왜 '영'이에요?"

그러자 선생님의 얼굴이 일그러졌다. 불편한 기색이 역력했다. 아마도 선생님은 대답을 할 수 없는 것 같았다. 일순 아이들의 얼굴도 일그러지기 시작했다. 어쩌면 우리가 해야 할 준비운동의 강도가 군대 얼차려의 수준으로 등급이 올라갈 수 있다는 생각이 모두의 머릿속을 확 스치고 지나갔다. 안 그래도 매서운 체육 선생님의 눈매가 찢어지며 대답 대신 호루라기 소리만 신경질적으로 울려 나왔다.

걱정은 사실로 나타났다. 5분이면 끝이 날 준비운동은 10분이 지나도 끝나지 않았다. 가만있었으면 모처럼 짧은 준비운동을 마치고 물놀이를 할 수 있었는데, 영호가 방정맞은 주둥아리를 함부로 놀린 덕에 우리는 얼차려에 가까운 준비운동을 해야 했다. 아이들은 영호를 향해 언짢은 표정을 지어 보였다. 노골적으로 영호의 어깨를 밀치는 아이도 있었다. 그중에 정현이는 눈이 찢어질 정도로 영호를 노려보고 있었다. 무슨 일이 곧 벌어질 것만 같았다. 아이들의 신음소리가 헐떡거림과 함께 욕으로 튀어나올 즈음 준비운동은 끝이 났다. 그러고도 일장 훈시가 이어졌다. 한참 뒤에야 우리는 가까스로 강으로 갈 수 있었다. 하지만 아이들은 이미 영호에게 눈총을 보내고 있었고 그 화는 잘 풀어지지 않을 것처럼 보였다.

강으로 가는 도중 첫 번째 일이 생겼다. 툭툭 영호를 건드리던 아이들 사이에서 정현이가 노골적으로 다리를 걸어 영호를 넘어뜨린 것이다. 무릎이 까지면서 피가 배어나왔다. 그러나 영호는 정현이에게 달려들 수 없었다. 그러다 정말 어디로 끌려가 맞을지도 몰랐기 때문이었다. 하지만 영호도 가만히 있을 아이가 아니었다. 선생님께 바로 고자질을 했다. 그러자 정현이의 괴롭힘을 그냥 보고만 있을 수는 없었던지, 아니면 이날의 상황이 못마땅했던 것인지는 모르지만 선생님은 정현이를 불러 세워 고함을 쳤다. 이 일은 수업 분위기를 더욱 처참하게 만들었다.

강에 도착해서도 수업 분위기는 계속 냉랭했다. 다시 준비운동과 수영 자세를 익히는 지상 훈련이 계속됐다. 두 시간의 수업 중 거의 절반이 끝날 무렵에야 우리는 겨우 물속으로 들어갈 수 있었다. 일단 수영을 할 수 있는 아이들과 그렇지 못한 아이들로 나누어졌다. 먼저 수영을 잘하는 아이들이 열을 지어 강 건너편으로 헤엄쳐 넘어가는 시범을 보였고 나머지는 그 모습을 부럽게 바라보고 있었다.

대부분의 아이들은 수영을 잘했다. 큰 강을 끼고 자란 덕택에 어릴 때부터 강에서 놀던 아이들이었다. 특히 여름이면 놀 데라고는 강뿐이었다. 그러나 그중에서도 부진아들은 있기 마련이라 아예 물에 들어갈 엄두를 못 내는 축도 있었다. 나는 그런 극단적 상황은 아니었으나 겁이 많고 또 운동신경도 없는 편이라 수영에 자신이 없었다. 고작 발이 닿는 곳에서 고개를 빳 빳이 곧추세우고 팔을 개처럼 젓는 일명 개헤엄을 치는 것이 전 부였다. 그래서 나는 수영을 못 하는 아이들 편에 남아 있었다. 결정적으로 사람 두 길은 넘어 보이는 강심을 건너 강 저편으로 가는 건 자신이 없었다. 영호도 나랑 같은 편에 남아 있었다.

선생님은 조금 떨어진 강변 바위 위에서 안전요원처럼 우 리들을 내려보고 있었다. 수영을 잘하는 아이들은 벌써 수심이 깊은 곳을 통과해 삼십여 미터 떨어진 강 저편에 도착해 있었 다. 남천강은 우리가 서 있는 쪽이 수심이 깊고 건너편이 완만 하게 낮아지는 곳이었다. 이쪽 한 사오 미터의 안전지대를 지 나 십 미터만 수영을 하면 다리가 닿을 수 있는 비교적 안전한 곳이었다. 그래서 수영을 못 하는 아이들은 그 안전지대에서 물장구를 치고 있었다. 그런데 영호는 그곳에조차 들어오지 못 했다. 그 모습을 쳐다보던 선생님이 툴툴대며 말했다.

"야, 돋보기. 너는 수영 안 하냐? 주둥이만큼만 몸도 좀 써 보지."

그때였다. 아까부터 물에 발도 담그지 못하고 있던 영호 를 뚫어지게 노려보고 있던 정현이가 슬금슬금 물 밖으로 나가 기 시작했다. 그러고 보니 정현이는 수영을 잘하는 아이였다. 같이 먹 감을 때면 언제나 가장 깊은 곳까지 수영하며 솜씨를 뽐내던 아이였다. 그리고 철교 밑 교각에 올라가 교각 아래 가 장 깊은 곳으로 다이빙을 하던 아이였다. 강 건너 활성 밤밭이 집이라 만날 강에서 사는 놈이기도 했다. 그런 정현이가 수영을 못 하는 아이들 쪽에 있던 것은 무슨 꿍꿍이가 있어서인 게 분명했다.

물속에서 나온 정현이는 무리에서 제일 가장자리를 돌아 강둑을 타고 올라갔다. 그리고 몰래 영호 뒤편으로 다가가기 시작했다. 몇은 그 모습을 보았지만 이후 무슨 일이 일어날지 예감했기 때문에 아무 내색도 하지 않고 그 모습을 지켜보고 있었다. 정현이는 검지를 세워 자기 입에다 갖다 대며 조용히 하라는 시늉을 하며 영호 가까이로 다가갔다. 그리고 영호 뒤에서 잠깐 멈춰 서더니 세게 영호를 물속으로 밀어 넣고 말았다.

풍덩 큰 소리를 내며 영호가 물속으로 떨어지자 아이들도 크게 웃으며 잠시 전 고통스러운 순간들을 대신 보복해준 정현이에게 박수를 보냈다. 그리고 정현이는 자기 신발을 주워 들고 도망갈 준비를 하며 그 모습을 지켜보고 있었다. 영호는 허우적허우적 거푸 오르락내리락하고 있었다. 모두들 고소해하며 그 모습을 즐기고 있었다. 영호는 졸지에 당한 일격에 정신을 차리지 못하는 듯했다. 그럴수록 아이들의 웃음소리는 더욱 커졌다. 선생님도 씨익 웃는 것으로 정현이의 장난에 동조하는 듯했다. 강 건너편에서도 이런 모습을 보고 아이들이 키들거리고 있었다.

그런데 영호의 모양이 어째 이상하다는 생각이 들기 시

작했다. 이제는 중심을 잡을 시간이 지났을 것이라고 생각될 만큼 제법 시간이 지났는데도 일어나지 못하고 물 위와 물속을 계속 오르내리고 있었던 것이다. 영호는 발이 닿는다는 것도 모르는 것 같았다. 그러자 몇몇 아이들이 일어서라고 소리치는 것이었다. 그러나 이미 필사적으로 허우적거리던 영호는 스스로 일어날 수 있는 안전지대가 아닌 더 깊은 곳으로 밀려가기 시작했고 손을 저으면 저을수록 더 안쪽으로 밀려들어갔다. 언뜻 보기에도 장난이 아니었다. 물을 많이 먹고 있었고 손을 곧추세우고 물속으로 빨려 들어가는 모습이 흡사 타잔 영화 속에서 본 정글의 늪으로 사람이 빨려 들어가는 것처럼 심각하게 보였다. 순식간에 아이들의 웃음도 걷혔다. 그러고는 고민할 새도 없이 영호의 모습이 물속으로 사라져 나오지 않는 것이었다. 그제야 가장 높은 바위 턱에서 아이들을 지켜보던 선생님이 아래쪽으로 달려 내려오기 시작했다.

그때 나는 무슨 생각을 했는지 모른다. 하지만 영호가 죽을지도 모른다는 생각과 함께 타잔 영화에서 본 것처럼 물에 빠지는 사람을 건져 내오는 장면이 겹쳐지며 부지불식간에 물속으로 뛰어들었다. 그러고는 내가 할 수 있는 최대한의 속도로 영호에게로 다가갔다. 정면에서 손을 잡는 것보다 깊은 쪽에서 안쪽으로 밀어주는 것이 조금 더 쉽고 안전할 것이라는 생각으로 영호가 있는 뒤쪽까지 개헤엄을 쳐서 다가갔다. 그러고는 물속으로 고개를 처박고 영호를 붙잡았다. 그런데 내 생각대로 되지 않았다. 영호가 몸을 돌려 나를 왈칵 끌어안아버린 것이다. 순간 우리 둘은 같이 물속으로 쑥 내려갔다. 발이 닿지 않았다. 당황한 나는 물을 먹었고, 또 정신을 차릴 수 없었다. 구하러 들어갔다가 되레 조난자가 되고 말았다. 그러자 영호를 구하겠다는 의지보다 내가 살아야겠다는 생각이 더 간절했다. 필사적으로 영호를 떼어내기 시작했다. 잘 떨어지지 않았다. 죽음에 직면하면 초인적인 힘이 생긴다고 들었는데 물속의 영호는 평소의 힘없는 영호가 아니었다. 나도 죽음 앞에서 초인적인 힘을 내야 했다. 영호를 구하러 갔다가 내가 죽을 수는 없었다. 아니, 나는 살아야 했다. 영호는 죽더라도 나는 살아야 했다. 오직 영호를 떼어냄으로써만이, 영호를 죽여야만이 내가 살 수 있겠다는 생각으로 죽을힘을 다해 영호의 목을 조르며 손을 꺾었다. 그러고는 영호의 팔을 힘껏 뿌리치며 목을 비틀어 밀쳐냈다. 그 동작이 마침 영호를 물 밖으로 밀어내는 동작이 됐기 망정이지 하마터면 둘은 모두 물귀신이 됐을지도 모를 일이었다. 어찌나 세게 목을 눌렀던지 영호는 몸에 힘이 빠지며 내게서 떨어졌다. 그러자 영호는 물가로 스르르 밀려나갔다. 기절한 듯했다. 물가로 꽤나 밀려간 영호는 다행히 물속으로 들어와 옷을 잡은 아이들에게 끌려 밖으로 나올 수 있었다.

그러나 이젠 내가 문제였다. 이미 힘이 빠져버린 나는 사오 미터도 안 되는 짧은 그 거리조차 헤쳐 나갈 수 없는 상황이 되고 말았다. 힘이 빠진 것이었다. 연거푸 마신 물도 한몫했다.

그때 엉덩이가 물 위로 뜨는 실로 기적 같은 일이 일어났다. 부웅, 하며 물 밖으로 몸이 솟아올랐다. 마치 중국 무협의 고수가 앉은 채 하늘을 향해 날아오르는 것처럼. 사실은 선생님이 자맥질을 해 내 뒤에서 두 손으로 엉덩이를 쑥 하고 밀어준 것이었다. 나는 순간 참았던 숨을 쉬며 필사적으로 물을 가슴 쪽으로 끌어당겼고, 그러자 가까스로 발이 바닥에 닿았다. 그러고도 나는 필사적으로 물을 움켜쥐며 바깥으로, 바깥으로 팔을 저어 물을 훔쳤다. 무릎이 나오고 발목이 물 밖으로 나오고 나서야 나는 무릎을 털썩 꿇고 그 자리에 주저앉았다. 그리고 트림을 하며 헛구역질을 하며 침을 연신 뱉어내고 있었다. 짧은 순간이었지만 죽음은 아마 그때 맛본 그 남천강 물맛 같을 것이라는 생각을 했던 것 같다.

뒤이어 물에서 나온 선생님은 나를 거들떠보지도 않은 채 영호에게로 달려갔다. 그러고는 그 크고 우악스러운 손으로 영호를 엎어 무릎에다 걸치고는 등을 두드렸고, 한동안 반응 없이 널브러져 있던 영호는 마침내 기침을 하며 물을 토해놓기 시작했다. 몇 번을 더 등을 두드리고 또 물과 음식물을 토해놓고야 영호는 울음을 터뜨리기 시작했다. 그러고는 벌러덩 바닥에 드러눕고 말았다.

그날 수업은 그것으로 끝이었다. 건너편에서는 아이들이 다시 열을 지어 이쪽으로 건너왔다. 선생님이 남은 아이들을 모으고 열을 맞추어 앉히기 시작했다. 아이들은 상황을 살피며 조용히 열을 맞추었다. 정현이는 열 맨 끝에서 선생님과 영호를 불안하게 쳐다보고 있었다. 어느 틈에 열 밖에 있는 아이들은 영호와 나 둘뿐이었다. 그때 나와 영호를 번갈아 쳐다보던 선생님이 혀를 차며 말했다.

"어쩌자고 수영도 못 하는 게 물에 뛰어들어, 그래. 부반장, 애들 데리고 학교로 들어가라."

사건은 정현이로부터 시작됐지만 암묵적으로 동의한 다른 아이들 모두 고개를 들지 못했다. 그날 이후 정현이를 비롯한 반 아이들이 영호를 괴롭히는 일은 더 이상 일어나지 않았다.

내가 어찌 그 일을 잊을 것인가? 그런데 이상하게도 내 기억 속에서 영호는 사라지고 없었다. 다시 이렇게 떠올려보니 그게 영호였는가도 사실은 희미했다. 그런데 그게 영호라고 했다. 당사자가 그렇다고 해서야 비로소 떠오른 기억일 뿐 사실 나에게 그 사건 속 영호는 중요하지 않았다. 다만 너무 무섭고 아찔한 기억으로 또 부끄러운 기억으로 20년 넘게 남아 있었을 뿐이었다. 방학이 끝나고도 우리는 그에 대해 이야기하지 않았다. 그리고 그 일은 그렇게 조용히 묻혔다.

"그때 고맙다고 말하고 싶었는데, 말할 기회를 놓쳤어. 네가 나에게는 눈길 한 번도 안 주더라고. 그리고 왜 그렇게 퉁명스럽게 굴던지."

그 당시 나는 창피하다는 생각이 더 들었던 것 같다. 수영도 못 하는 게 어쩌자고 물속으로 뛰어들어 선생님과 아이들의 가슴을 쓸어내리게 했을까, 하는 자책으로 아무 말도 못 하고 있었을 뿐이었다. 게다가 내가 영호를 구하게 된 것은 억세게 운 좋은 상황이어서 영호 대신 내가 살려고 한 발버둥 중에 일어난 사건이었다. 사실이 그런 줄은 나 아니면 모를 일이었지만 말이다. 그리고 그 기억은 빨리 지워버려야 하는 것이기도 했다. 영호랑 가급적 마주치지 않음으로써 그 일은 기억 저편으로 보낼 수 있었다. 그리고 영호도 같이 그 사건에서 지워버렸다. 아마 그래서 그 기억 속에 영호가 사라져버린 것 같았다. 그런 내가 영호에게서 살려줘서 고맙다는 이야기를 듣게 될 줄은 꿈에도 몰랐다.

"그러고는 나도 그 일을 잊었어. 그런데 작년에 덜컥 위암 판정을 받은 거야. 속이 만날 쓰리고 더부룩하다는 생각을 했지……."

위암이 발견됐다는 갑작스러운 영호의 말에 놀라 말을 자르며 내가 물었다.

"그래서?"

"그래서는 뭘 그래서. 수술했지. 그리고 이렇게 다시 살았지. 근데 수술하기 전부터 네 생각이 많이 나더라. 너는 뭐하며 지내나? 잘 지내나? 그날 네가 뛰어들지 않았으면 아마도 난 영영 깨어나지 못했을 거란 생각이 자꾸 나는 거야. 수술대에 누워서도 네 생각이랑 그날 물속에서 네가 나를 밀어 올리던 그 느낌이 계속 떠오르는 거야. 마취에서 깨어날 때도 그 생각이 가장 먼저 들었어. 네가 온몸으로 나를 의식 속으로 밀어 올리고 있다는 생각 말이야. 그러고도 난 일 년을 더 네게 전화를 미루었어. 미안했거든. 생명을 빚진 놈이 고맙다는 말도 하지 못하고 살아서 죄를 받은 거라 생각하니 부끄럽기도 했어. 그리고 내 처지가 보험쟁이라서 친구들에게 전화하면 보험 때문이라고 여기거든. 사실 그렇기도 하지만……."

갑자기 얼굴이 화끈 달아오르기 시작했다. 그리고 뭐라 말을 할 수가 없었다. 그날 내가 물속으로 뛰어든 것은 사실이지만 그것은 그를 위해서도 아니지 않던가? 그리고 나는 영호를 만나고 싶어 하지 않았다. 바로 조금 전까지도 그런 나의 믿음은 너무도 굳건해 이 자리가 그것을 증명하는 자리가 될 것으로 확신하고 있었다. 그러나 그 모든 예측이 보기 좋게 빗나가고 말았다. 갑자기 더워지기 시작했다. 셔츠의 끝 단추를 풀고 넥타이를 느슨하게 풀었다. 그리고 나는 물수건으로 땀을 닦아냈다. 그리고 술잔을 들어 단숨에 들이켠 나는 손바닥으로 입을 닦으며 말했다.

"영호야, 사실은 나는 네가……."

차마 말이 떨어지지 않았다. 그냥 물끄러미 얼굴을 바라보고 있었다. 그러자 영호가 내가 무엇을 물을지 안다는 듯 말을 끊었다.

"지금은 많이 좋아졌다. 내 경우 오 년 생존율이 오십 퍼

센트가 넘는대. 그리고 수술도 잘된 편이라……."

오해하고 내 마음대로 생각해버린 것에 대해 미안한 마음이 들었다. 그리고 영호가 측은하게 여겨졌다. 하얗다 못해 파리해진 그의 얼굴이 병자의 그것이었음을 알게 되자 걱정스럽기까지 했다. 나는 영호의 이야기가 깊어질수록 술을 계속 들이켰다. 그날 술자리는 내가 잔뜩 취한 뒤에야 끝났다. 잘 살라는 이야기, 몸조심하라는 당부가 고장 난 레코드처럼 반복됐다. 그리고 꼭 다시 만나자는 이야기도 되풀이하고 되풀이했다.

집으로 돌아온 나는 옷장 안에서 중학교 졸업 앨범을 꺼내왔다. 영호보다 더 두꺼운 돋보기를 꺼내서 끼고는 영호와 정현이 그리고 다른 친구들 얼굴을 찾아보았다. 개인 사진을 볼 때는 괜찮았는데 단체 사진이나 체육 대회나 소풍 사진 같은 것은 돋보기가 없었으면 보이지도 않을 것처럼 작은 것이었다. 하지만 체육 선생님도 흙바닥 운동장도 낡은 학교 건물도 모두 거기에 있었다.

영호 소식을 다시 들은 것은 정현이로부터였다. 정현이 아버지가 돌아가셨다는 연락을 받고도 회사 일 때문에 조문을 하지 못한 것이 못내 마음에 걸렸던 나는 장례가 치러진 며칠 뒤 정현이에게 전화를 걸었다.

"멀리서 뭣 하러들 내려와. 차비까지 보태서 부조나 많이 해주면 나는 그게 더 좋다. 사실 손님들이 너무 많아서 힘들었다. 영호도 왔다 갔다. 너 작년에 서울서 봤다고 하더라."

"누구? 돋보기?"

"그래, 그 자식, 돋보기. 나랑 중학교 때 만날 싸우던 돋보기. 그 자식이 몇 년 전에 갑자기 전화를 해서는 만나자는 거야. 어쩐 일인가 해서, 또 옛날에 잘못한 일도 있고 해서 소주나 한 잔하자고 만났지. 그런데 중학교 때 이야기만 장황하게 하더니 보험 들라고 하더라. 보험 하나 들어주면 옛날 자기 괴롭히고 물에 빠뜨린 거 용서하겠다고. 안 그래도 나야 미안한 것도 있었는데 그 이야기를 하니까, 그래서, 그때 우리 아버지 보험 하나 들었거든. 근데 그게 효자야. 아버지 편찮으시면서 도움이 많이 됐어. 지난달에는 그 자식한테 전화해서 우리 애들 보험 하나씩 더 들었어."

잘 살아가고 있구나. 체육 선생님이 무릎에다 엎어놓고 솥뚜껑 같은 큰 손으로 영호의 등을 두드리던 기억이, 죽음을 쏟아내고 널브러져 있던 그의 파랗게 질린 얼굴이 떠올랐다. 하얗고 푸근해 보이던 최근의 모습도 떠올랐다. 돋보기 너머의 여전히 크고 선한 눈망울도. 나는 가슴을 쓸어내렸다.

06 노린재

정윤혜

어느 틈으로 들어온 것일까.

언니가 책으로 쳐낸다는 것이 그만 그놈을 화나게 만들었다. 머리를 몇 번이고 감았지만 내 머리카락 올올이 박힌 그놈의 고약한 냄새를 말끔히 지울 수는 없었다.

위험을 느끼면 본능적으로 악취를 풍기며 꽁무니를 빼는 그놈, 노린재.

그날 나는 그 냄새 때문에 오랫동안 잊고 지냈던 이름 하나가 떠올랐다.

'이정현.'

정현이를 처음 만난 것은 초등학교 오 학년 때였다. 달걀같이 갸름하고 하얀 얼굴에 쭉 찢어진 눈, 그렇다고 밉상인 건 아니었다. 큰 키에 허리까지 길게 흘러내린 생머리, 뒤에서 보면 고등학생이라고 해도 믿을 정도였다. 정현이는 책가방 외에

커다란 가방을 하나 더 가지고 다녔는데 그 안에는 무용 한복과 부채가 들어 있다고 했다. 정현이는 방과 후에는 언제나 무용을 배우러 갔다. 나는 그 가방 속에 들어 있다는 한복과 부채를 구경하고 싶었지만 보여달라고는 하지 않았다. 그러다 우연히 정현이가 그 한복을 입고 있는 모습을 보게 됐다. 물론 그 일은 다른 아이들에게는 말하지 않았다.

정현이네와 우리 집은 골목을 사이에 두고 마주 보고 있었다. 우리 집에는 복숭아나무가 한 그루 있었는데 제법 먹을 만한 복숭아가 많이 열렸고 맛도 좋았다. 어느 날 복숭아를 따던 엄마가 말했다.

"윤희야, 정현이네 복숭아 좀 갖다 주고 오너라."

엄마는 정현이가 할머니하고만 살고 있는 것이 늘 마음에 걸리는 모양이었다.

"정현이네? 난 정현이랑 안 친해."

"같은 반 친군데, 친하고 안 친한 게 어딨어. 얼른 갖다 주고 오래도."

엄마가 등을 떠밀다시피 하는 바람에 어쩔 수 없이 나오긴 했는데, 정말 정현이네 가는 것은 내키지 않았다. 정현이네는 초인종도 달리지 않은 낡은 한옥 집이었다. 문은 반쯤 열려 있었다. 정현이의 이름을 부르며 그 집에 들어섰을 때, 그때 보았다.

정현이가 마루에서 춤 연습을 하는지 뱅글뱅글 돌고 있었다. 날개만 단다면 금세라도 하늘로 날아오를 것만 같은 하늘 하늘한 선녀 옷에 천상의 바람이라도 끌어올 것 같은 부채, 사뿐사뿐한 몸놀림, 학교에서 보았던 그 정현이가 맞는가 싶었다. 정현이도 내가 온 것에 무척 놀란 듯했다. 그러나 곧 반갑게 웃으며 맞아주었다. 정현이는 언제나 웃는 모습이었고 말수도 적었다. 한마디로 순한 아이였다. 나는 정현이 할머니가 감자 부침개를 먹고 가라고 붙잡는 통에 하는 수 없이 정현이네 조금 더 머물렀다. 그런데 할머니가 부쳐온 부침개에서는 참으로 이상한 냄새가 났다. 속을 울렁거리게 하는 냄새 말이다. 그 냄새를 맡은 것은 이번이 처음은 아니었다. 정현이에게서 나는 냄새였기 때문이다. 아니, 좀 더 정확하게 말하면 정현이의 도시락에서 나는 냄새였다.

우리 반 여학생들이 정현이를 끼워주지 않게 된 것에는 신혜와 윤하의 입김이 컸다. 처음부터 정현이가 혼자였던 것은 아니다. 점심시간, 도시락을 함께 먹게 됐는데 정현이의 도시락 반찬을 하나 집어 먹은 아이들은 갑자기 말이 없어졌다. 감자볶음이었는데 참으로 이상한 냄새가 났기 때문이다. 속을 감추는 법이 없는 신혜는 토할 것 같다며 쓰레기통에 뱉어버리기까지 했다. 나는 그 정도로 비위가 상하지는 않았지만, 그렇다고 입맛을 돋우는 냄새는 아니었다. 이상하게도 정현이가 싸오는 도시락 반찬에서는 늘 비슷한 냄새가 났다. 계란말이, 콩장, 김치찌개에서까지 그 냄새가 났다. 하지만 정작 정현이는 아무렇지도 않은 듯했다. 우리 반 반장이었던 신혜와 항상 신혜 옆에 붙어 다녔던 윤하는 그 일 이후 뒤에서 정현이 얘기를 많이 했다. 신혜와 윤하는 우리 반 분위기를 주도하는 아이들이었다. 그래서 그런지 금세 다른 아이들까지도 정현이에 대해 뒷말을 했고, 없는 사실까지도 부풀려져 소문만 무성했다. 정현이는 방과 후에 무용 학원에 갔기 때문에 같이 놀면서 오해를 풀 기회도 없었다. 정현이와의 관계를 회복해보려고 노력하기에는 아이들은 너그럽지도 속이 깊지도 않았다. 정현이는 그렇게 우리들에게서 떨어져 나갔다. 나는 정현이가 싫지 않았지만 아이들 눈 밖에 나면서까지 정현이를 챙기고 싶지는 않았다.

내 생일이 됐다. 집안일이 있다는 아이들을 빼고는 여학생 대부분이 우리 집에 놀러 왔다. 물론 정현이를 부르지는 않았다. 신혜와 윤하가 정현이를 부르면 안 온다고 했기 때문이다. 다른 아이들도 싫다고 했다. 생일잔치가 무르익어갈 무렵 초인종 소리가 났다. 나는 대문에 나갔다가 깜짝 놀랐다. 정현이가 온 것이다. 엄마는 시장 가다가 정현이를 만났다고 했다. 결국 엄마의 초대로 정현이와 우리는 마주 앉게 됐다. 엄마가 밖으로 나가자 신혜와 윤하는 노골적으로 싫은 내색을 했다. 생일 분위기는 엉망이 됐다. 환영받지도 못하는데 눈치 없이 찾아온 정현이가 바보처럼 느껴졌다. 상황도 모르고 마음대로 정현이를 초대한 엄마에게도 원망의 화살이 갔다. 또 정현이 앞에서 대놓고 싫은 내색을 하는 신혜나 윤하의 모습도 유쾌한 것은 아니었다. 그중 가장 마음에 안 들었던 것은 나 자신이었다. 여전히 누구 편에도 서지 못하고 눈치만 보며 난감해하고 불편해하는 내가 정말 싫었다.

아이들이 집으로 돌아갈 무렵, 엄마는 정현이만 불러 세웠다. 엄마는 음식을 좀 싸주며 할머니에게 가져다 드리라고 했다. 정현이는 괜찮다고 했고 그러다가 이야기가 좀 길어지게 됐다. 그날 나는 정현이에 관한 새로운 사실을 하나 알게 됐다.

"부모님은 안 계시니?"

"계세요. 두세 달에 한 번 정도 서울에 오세요."

"어디에 계신데?"

"동두천에서 홀을 하세요."

나는 순간 엄마와 정현이의 이야기에 끼어들 뻔했다. 홀이 뭐냐고 묻고 싶었던 것이다. 그런데 엄마는, "그래, 음식 식기 전에 얼른 가져다 드리고, 우리 윤희와도 친하게 지내고."

엄마가 갑자기 이야기를 끝내는 바람에 나는 무척 궁금했지만 더 이상 묻지 않았다. 그러고는 먼저 나간 친구들을 찾으러 놀이터에 가는 바람에 그 일은 잊고 말았다.

오 학년이 어떻게 끝났는지, 정현이는 그 이후로 어떻게 지냈는지 기억나진 않지만, 정현이의 도시락 냄새가 코끝에 오래도록 남아 있는 것을 보면 아이들과의 관계가 특별히 더 좋아지진 않았던 것 같다.

중학교 일 학년 겨울, 나는 텔레비전에서 시사 고발 프로

그램 하나를 보았다. 동두천에서 미군을 상대로 하는 술집에 관한 이야기였다. 인터뷰를 하는 여자의 뒷모습은 몹시 흔들리고 있었다. 홀에서 일을 해봤자 빚만 지고 몸만 버리게 됐다며 울먹이는 것이었다. 나는 정현이의 부모님이 미군을 상대로 술과 여자를 팔면서 이런 여자들에게 몹쓸 짓을 하고 있는 상상을 했다. 그러나 그 일은 그 누구에게도 말하지 않았다. 술을 팔고 몸을 판다는 이야기를 누구에게 한단 말인가. 그 일이 있기 전까지는 말이다.

중학교 이 학년 여름, 그날따라 준비물을 안 챙겨 와서 벌 청소를 하고 늦게 집에 오는 길이었다. 학교에서 우리 집까지는 걸어서 사십 분 정도 걸렸다. 날씨가 푹푹 쪄서 아이스크림이라도 하나 사 먹으면 좋으련만 난 그만한 돈이 없었다. 그러다가 일 학년 때 같은 반이었던 민정이와 오 학년 때 같은 반이었던 윤하를 만났다. 나는 일 학년 때 민정이네 한 번 가본 적이 있었다. 민정이네는 아버지가 외국에 자주 나가서 그런지 희한한 인형들과 예쁜 초들이 집 안 가득했다. 이 층으로 올라가는 계단 벽면에 수많은 열쇠고리가 장식되어 있었는데 참으로 이국적인 느낌이 들었다. 집이라면 일 층밖에 몰랐던 나는 이 층으로 오르는 계단이 신기하기도 하고 부럽기도 했다. 민정이는 워낙 돈을 잘 썼기 때문에 주변에 아이들이 많았다. 정작 친한 친구는 없는 듯했지만 말이다.

민정이가 떡볶이와 아이스크림을 사준다고 하여 윤하와

함께 분식점에 들어갔다. 분식점은 과자 진열대를 지나 안으로 들어가야 했다. 민정이와 윤하는 같은 반 정현이의 이야기를 하고 있었다. 민정이와 윤하와 정현이 셋이서 함께 집에 오고 있다가 무엇인가 틀어져서 정현이만 두고 왔다는 것이었다. 나는 둘 얘기에 끼지 않고 계속 떡볶이만 먹었다. 그러다 혼자만 먹고 있는 것이 좀 미안해졌다. 나도 뭔가 이 이야기에 끼어들어야겠다는 생각을 했다.

분식점 안은 분주했다. 학생들은 계속해서 밀려들고 있었다. 앉을 자리가 없었는지 떡볶이를 나르던 아주머니가 밖에서 과자를 팔고 있던 아저씨를 향해 손짓을 하며 소리를 질렀다.

"홀 좀 치워줘요. 아이들이 앉을 자리가 없잖아."

'홀이라고, 홀.' 나는 그 순간 예전에 정현이가 했던 부모님 얘기가 생각났다. '동두천에서 홀을 하셔요.'

나는 민정이와 윤하에게 정현이의 부모님이 무엇을 하는지 아느냐고 물었다. 아이들은 의자까지 당겨 앉으며 무엇을 하느냐고 물었다. 나만 아는 얘기라는 생각이 들자 난 좀 으쓱해졌다. 그러고는 더 이상 넘어서는 안 되는 선까지 넘고 만 것이다. 동두천에서 홀을 하신다고 했던 정현이의 이야기에다 시사 고발 프로그램에서 보았던 울먹이던 여자의 인터뷰가 합쳐지니 정말 정현이의 부모님이 나쁜 사람같이 생각됐다.

그런데 내 얘기를 듣던 아이들의 눈치가 갑자기 이상했다. 나도 내 뒤통수가 따가워진 느낌이 들었다. 그러고는 '흑' 하는 울음소리와 함께 누군가 뛰어나가는 것이 보였다. 정현이었다. 정현이가 우리를 보고서 따라 들어온 모양이었다.

　머리가 멍해져왔다. 정현이를 따라가지도 못했다. 그날은 그렇게 지나갔다. 그 후부터 나는 정현이를 피해 다녔다. 민정이와 윤하하고도 만나지 않았다. 한번은 정현이와 매점에서 마주칠 뻔했는데 나는 얼른 뒤돌아 나오고 말았다. 매일 매일이 불편하고 찜찜했다. 사과할 기회를 갖지 못하고 그렇게 몇 달이 흘렀다. 그러던 어느 날 학교에서 돌아온 내게 엄마는 정현이네가 아침나절에 이사 갔다는 소식을 전해주었다. 너무도 마음을 졸였던 탓인지 허탈한 마음마저 들었다. 미리 사과하지 못했던 것이 후회스러웠다. 한편으로는 다행이란 생각도 들었다. 더 이상 정현이를 만날 기회가 없으니까 말이다.

　나의 고등학교 시절은 자율학습을 하며 바라보던 노을 진 하늘처럼 슬프게 붉었다. 그리고 지는 태양처럼 늘 아쉽고 외로웠다. 그때가 나의 사춘기였던 것 같다. 나는 두 손을 꼭 잡고 다니고 다른 친구들이 들어올 틈을 주지 않는 단짝친구들을 볼 때면 속도 겉만큼 그렇게 친할까 하는 회의가 들었다. 아마도 그런 친구들이 부러웠던 모양이다. 정현이와의 일은 나의 친구 관계를 돌아보게 했던 것 같다. 내 마음에 생채기를 남기면서 말이다. 그래서 나는 친구들과 수다 떨지 않고 주로 혼자 앉아 책을 보았다. 친구들이 없었던 것은 아니지만 나는 진심을 나누는 친구를 갖고 싶었다. 나는 친구를 사귀는 일이 유리컵에 소금을 붓는 일처럼 느껴졌다. 소금은 물속에 들어가면 그대로 녹아버리다가 어느 순간부터는 더 이상 녹지 않고 가라앉는다. 수많은 아이들을 만나면서 나에게도 언젠가는 마음에 내려앉는 친구 하나 갖게 될 것이라고 믿고 싶었다.

개나리가 한창인 어느 봄날, 고 3이라는 부담감이 있는데다가 열심히 공부해보겠다는 의욕이 넘쳐 잠을 줄였던 것이 화근이었다. 머리가 지끈거렸다. 나는 머리가 아플 때면 개나리가 활짝 핀 개천 길을 따라 걷는 것을 좋아했다. 한가로이 이 길을 걷고 있으면 마음이 편안해졌다.

그런데 그때 저 앞에 낯익은 얼굴 하나가 보였다. 누구인지 알아차릴 때에는 그쪽에서도 나를 알아본 눈치였다. 바로 정현이었다. 왼쪽으로는 차들이 쌩쌩 지나가고 오른쪽으로는 개천이 흐르고 뒤로 돌아갈 수도 없는 노릇이었다. 가슴이 뛰기 시작했다. 어찌해야 좋을지 몰랐다. 딱히 설명할 수 없는 복잡한 심경이 되어버린 것이다. '사과를 할까, 이제 와서 갑자기 뜬금없이 무슨 사과야, 날 모른 척하면 어쩌지, 나에게 화를 내는 것은 아닐까.' 이런저런 생각으로 마음을 못 잡고 있는데 정현이가 어느 새 내 앞까지 와버린 것이다. 나는 정리되지 않은 난감한 표정으로 걸음을 멈췄다. 그런데 정현이는 너무도 밝게 웃으며, "윤희구나. 반갑다."

"어, 어."

"잘 지내? 어머님은 안녕하시니?"

"어, 그래, 할머니도 편안하시니?"

"응, 국악고등학교에 들어갔어, 대학도 그 계통으로 진학하려고."

"아, 그래. 잘됐다. 넌 초등학교 때부터 무용도 잘했잖아."

그렇게 말하고는 아차 싶었다. 나와 있었던 일을 기억 못하는 것 같은데, 지금 예전 얘길 꺼내면 어떡하자는 말인가.

"윤희야, 어떡하지, 나 지금 약속이 있어, 빨리 가봐야 해. 잘 지내. 또 보자?"

정현이는 예전 무용 선생님과의 약속 때문에 이 동네에 왔다고 했다. 그러고는 늦었다고 하고는 손을 흔들며 떠나갔다. 나도 어색하게 손을 흔들어주었다. 꼭 해야 할 말이 있었지만 입속에서만 맴돌 뿐이었다. 나는 그날 정현이도, 사과할 기회도 모두 놓치고 말았다.

언니가 내 머리에 앉은 노린재를 쳐내지만 않았어도 잊고 지냈던 정현이가 기억 위로 떠오르진 않았을 것이다. 그 냄새 때문이었다. 정현이의 도시락에서 나던 냄새 말이다. 노린재가 뿜어대는 노린내 같은 냄새. 그런데 이제 와 생각해보니, 그 냄새가 진짜 정현이 도시락에서 났었는지 그 기억조차 정확한 것 같지 않다. 이렇게 머리를 감아도 지워지지 않는 것을 보면 혹시 나에게서 났던 냄새가 아닌가 하는 생각마저 든다.

정현이가 따돌림을 받았을 때 그 편에 서지 못하고 침묵

했던 일, 정현이의 이야기를 아이들에게 떠벌렸던 일, 그리고 나까지 따돌려질까 봐 전전긍긍했던 일, 기회가 있었음에도 끝내 용기 내어 사과하지 못했던 일이 떠올랐다. 이런 나에게서는 무슨 냄새가 날까. 내가 풍겼던 냄새는 혹시 지독한 악취는 아니었을까. 인간이 내는 악취, 자신을 지키기 위해서 본능적으로 다른 사람에게 피해를 주는 인간의 추악한 악취 말이다.

그 시절쯤인 것 같다. 나에게는 환한 곳에 내놓을 수 없는 비밀 하나가 생겼고 나는 그것을 안고 사는 일이 오래도록 불편하고 슬플 것이라는 예감이 들었다.

부록

소설 쓰기
학생 활동지
모음

이야깃거리 찾기 활동지
개요 선택형

이야깃거리 찾기 - 개요 선택형

학생들이 쓴 수필의 내용을 정리한 것이다. 공감 가는 친구의 경험이나 감정에 동그라미를 쳐보자.

미련	비싸서 못 산 신발 만나고 싶었는데 만나지 못했던 사람
부끄러움	자신 또는 가족의 실수나 잘못으로 주변 사람들 앞에서 창피를 당했던 일 몰래 답을 고친 일
원망	할머니를 모시는 문제로 불거진 아버지와 큰아버지 간의 큰 싸움
감사	선생님이 자신의 다친 상처를 직접 치료해주었던 일
미안함	친구 또는 가족에게 잘못했던 일
미움	친구가 내 욕을 하고 다닌 일
사랑	좋아하던 여학생에게 말도 걸어보지 못했던 일
그리움	키웠던 개가 죽은 일 전학 간 친구와 멀어진 일
동정심	제대로 못 먹어 마른 고양이나 개를 본 일
책임감	학급에서 회장을 맡은 일 동생을 챙겨야 하는 맏딸의 책임감

가족애	아빠가 가방을 들어주었던 일 엄마 몰래 생일 선물을 준비한 일 어머니가 나의 수술비를 빌리려고 친척들에게 연락한 일
소외	친구를 따돌렸던 일 친구로부터 따돌림 받았던 일
억울, 분노	모르는 형들이 돈을 빼앗아갔던 일
슬픔	가족, 친구, 반려동물의 죽음을 곁에서 겪은 일
속상함	새 신발을 잃어버린 일
기쁨	동생이 태어난 일 짝사랑하던 애로부터 고백을 받은 일
이해	할머니께서 돌아가시기 직전 나를 다른 사람으로 오해하신 일
비굴	친구가 무서워서 그 친구를 따라다녀야만 했던 일 친구를 사귀고 싶어서 마음에 안 드는 친구에게 맞춰주었던 일
후회	자신의 잘못을 남에게 미루고 찜찜했던 일
오해	남의 돈인 줄 알고 썼는데 나중에 내 돈인 줄 알게 된 일 친구가 자신을 오해한 일
노력	친구보다 농구(공부)를 더 잘하기 위해 애쓴 일
황당함	전혀 엉뚱한 사람에게 좋아한다고 잘못 고백한 일
무관심	내가 식탁 밑에 숨어도 아무도 나를 찾지 않았던 일
모순된 감정	할아버지가 돌아가셨는데도 눈물이 나지 않았던 일

특이한 경험	나에게 일어났던 데자뷔(기시감, 처음 해보는 일이나 처음 보는 대상, 장소 따위가 낯설게 느껴지지 않는 현상)

1. 자신이 고른 친구의 사연 중, 이와 관련하여 떠오르는 자신의 경험이나 감정 등이 잘 드러나도록 '사건이 있는 나의 이야기'를 쓰시오.

2. 이 이야기에 등장하는 주인공의 감정은 어떻게 변화하는가?

02 이야깃거리 찾기 활동지
모방 자료 제시형

이야깃거리 찾기 – 모방 자료 제시형

다음 네 컷 만화를 보고 그에 걸맞은 이야기를 상상해보자.

---

1. 네 컷 만화에 어울리는 '사건이 있는 나의 이야기'를 만들어보자.

2. 이 이야기에 등장하는 주인공의 감정은 어떻게 변화하는가?

개연성 만들기 – 사건

어느 날 어느 곳의 고층 아파트 14층 베란다에서 두 살 난 어린아이가 떨어진다. 그러나 그 밑을 지나가던 그 어린아이의 어머니가 떨어지는 아이를 받아낸다. 그 어머니가 약간 다쳤을 뿐 어린아이는 말짱했다.

이것은 실제로 있었던 일이다(현실에서는 그 이상의 기적도 많이 일어난다). 있었던 일이기 때문에 사람들은 다소 놀라긴 하지만 별반 의문을 제기하지 않는다. 그 어린아이가 어떻게 떨어지게 됐는지, 그 엄마는 어떻게 그 밑에 있을 수 있었는지, 또는 실제로 14층에서 가볍게 떨어지는 갓난아이를 받아낸다는 것이 정말 가능한 것인지…… 등의 의문이 제기될 수 있지만, 사람들은 그런 것에 별로 신경을 쓰지 않아도 된다. 실제로 일어난 엄연한 사실이기 때문이다.

그러나 어느 작가가 그 사건을 콩트나 소설로 썼다고 하면 그야말로 거짓말쟁이란 비난을 면치 못할 것이 분명하다. 그 이야기는 '있을 수 없는 일'로, 소설에서는 있을 수 없는 일이 일어나서는 결코 안 되기 때문이다. 독자들은 소설 속의 우연성을 용서하지 않는다. 소설에서 구성이 필요한 이유가 바로 그것이다. 왜 그런 일이 있어났으며, 어떻게 그 어머니가 그 밑에 있을 수 있었는가. 그것이 구성에서의 개연성의 문제인 것이다.

– 전상국,《소설 쓰기 명강의》(문학사상, 2017), 118쪽.

• 엄마가 어떻게 자기 아이를 받을 수 있었는지, 누가 들어도 수긍이 가도록 이야기를 만들어보자. 단, 각각의 물음에 답하지 말고, 한 덩어리의 이야기로 써보자.

– 어린아이만 두고 엄마는 어디에 간 것일까?

– 집에 아무도 없는데 엄마가 어린아이만 두고 나간 이유는?

– 베란다에는 안전사고를 대비한 난간과 방충망이 설치되어 있는데, 어떻게 어린아이가 떨어졌을까?

– 만약 방충망이 열렸던 것이라면 그 이유는 무엇일까?

– 방충망이 열렸더라도 난간을 넘어서 아이가 떨어졌다면, 어떻게 아이가 그곳까지 올라간 것일까?

– 어린아이가 떨어질 때, 엄마는 어떻게 그 아래를 지나가게 됐을까?

개연성 만들기 – 인물 1

1. 인물 간의 관계를 고려하여 '가운데 웃고 있는 아이'를 중심으로 상상해보자. '설명'이나 '묘사'의 방법을 적절히 함께 활용하여 인물을 그려보자.

※ 김기찬, 《골목 안 풍경 30년》(눈빛, 2003), 표지

2. 인물 간의 관계를 표시하고 관련 내용을 상상해보자. (예) 친구, 자매 등

뒤에 있는 아이

업힌 아이   가운데 웃고 있는 아이   오른쪽 아이

개연성 만들기 – 인물 2

박수근의 그림 <실직>(1960) 속
두 인물의 모습을 보고, 바로 앞에
일어났을 법한 상황을 그려보자.

① 제목 <실직>을 고려할 것.

② 상황에 맞게 인물의 표정과 그
　에 담긴 감정도 상상할 것.

• 두 인물이 나눌 법한 '대화'를
　만들어보자.

남자 1 : (앉아서)

남자 2 : (누워서)

남자 1 : (먼 산을 바라보며 시름에 겨운 눈빛으로)

남자 2 :

개연성 만들기 – 인물 3

인물의 대화나 행동은 그 인물의 성격과 밀접한 연관을 가진다. '승지'는 어떤 성격의 아이일까 상상해보자. 모든 일에 입부터 내밀고 변명을 하며 모든 책임을 남에게 미루는 아이인가, 책임감과 의협심*이 강한 아이인가, 남의 눈치만 보는 아이인가, 자신의 의사를 전혀 표현하지 않는 아이인가 등 학급에서 만나는 친구들의 성격을 떠올리자. 다음에 제시된 승지의 성격을 고려하여 승지와 담임선생님 간의 대화를 만들자. ①과 ②에 들어갈 알맞은 대화를 넣어보자.

* 의협심 : 남의 어려움이나 억울함을 풀어주기 위해 제 몸을 희생하는 마음.

• **승지의 성격은 다음과 같다.**

자신의 생각을 논리적으로 펼 수 있고, 그것으로 남을 설득할 수 있다고 생각함. 쉽게 단정 짓지 않고 상대방과 소통해서 문제를 해결하고자 함.

문제 상황 : 아이들이 복도 쪽 창문 유리창이 깨졌다고 이야기를 했다. 담임선생님이 아이들에게 누가 깼느냐고 물어보니 아이들이 승지를 가리켰다.

담임 : 유리가 깨졌던 상황을 네가 가장 잘 아니까 당시 상황을 설명해보아라.

승지 : 그 당시 열 명쯤 되는 아이들이 창문 주위에 몰려 있었고 유리에도 금이 조금 가 있었어요. 제 자리가 그 유리에 가장 가까웠기 때

문에 제가 유리창을 깼다고 다들 생각한 거예요. 물론 제가 가장

가까이 밀린 것은 맞아요.

담임 : 그래, 그런데 학교에서는 고의적으로 장난을 치다가 유리를 깬 것

이면 변상을 해야 한다는구나. 유리 값은 오만 원이라고 한다.

승지 ① :

담임 : 다른 애들 이야기도 들어봐야 할 것 같다.

승지 ② :

"정환아, 뭐해?"

"야구해."

"혼자 벽에다가 공 던지는 게 무슨 야구야. 내가 받아줄게."

"좋아, 그럼 던질게. 더 뒤로 가서 받아봐."

"골목이 좁으니까 너무 힘주어 던지지 마."

"알겠어."

"어……. 어."

"쨍그랑!"

"누구야?"

"너희 집 유리창을 깨뜨렸나 봐, 큰일 났네."

• 대화 속 인물들의 상황에 어울리게 배경을 설정해보자.

어떤 제자가 학교에 다닐 때 존경하던 선생님을 오랜 세월이 흐른 뒤에 우연히 만나게 되는 광경을 그려보자. 그 두 사람이 어떤 장소에서 만나는 것으로 설정하느냐에 따라 두 인물의 성격은, 나아가서는 이야기의 방향도 크게 달라질 것이다.

• 다음 중 두 개를 골라, 배경에 따라 인물의 처지가 어떻게 달라지는지 상상해보자.

① 제자가 술을 잔뜩 마시고 급히 술집 화장실에 갔다가 마침 안에서 볼일을 마치고 나오는 선생님과 만났다.

② 제자가 자료를 찾기 위해 도서관에 갔다가 그곳에서 역시 자료를 찾기 위해 옛 문헌을 뒤적이고 있는 선생님을 만났다.

③ 시장 바닥에서 선생님과 제자가 만났다.

④ 비가 쏟아지는 거리 한복판에서 선생님과 제자가 만났다.

– 최인석,《소설 쓰기의 첫걸음》(북하우스, 2003), 60쪽.

개연성 만들기 – 배경 3

① '나는 매일 이 길을 친구와 함께 걷는데 오늘은 그 친구와 싸우고 혼자
서 집에 가는 쓸쓸한 날이다'라는 이야기에 걸맞은 소설의 배경을 만
들어보자. (자신이 사는 집 주변의 골목과 주로 다니는 길거리의 풍경을 떠
올려보자.)

② '낮에 옥수수를 많이 먹어서인지 배가 살살 아프다. 외갓집만 오면 과
식을 하게 된다. 깜깜한 밤, 불도 나간 앞마당을 지나 재래식 화장실을
가야 한다. 사촌형에게 화장실에 같이 가달라니까 도리어 귀신 이야
기를 하며 나를 놀려댄다. 오늘따라 화장실 가는 길에 불까지 고장이
나서 손전등을 들고 가야 할 판이다. 사촌형은 중학생 맞느냐며 놀려
대니, 나도 오기가 나서 나오긴 했는데 왜 이렇게 화장실은 멀게만 느
껴질까'라는 이야기에 걸맞은 소설의 배경을 만들어보자.

주제 찾기 1

- 우리 눈은 얼마나 많은 것을 놓치고 있는가. <사과를 먹으며>는 사물과 사건의 겉으로 드러나지 않은 숨겨진 사실, 즉 이면*에 대한 이야기다.

  * 이면 : 물체의 뒤쪽 면. 겉으로 나타나거나 눈에 보이지 않는 부분.

사과를 먹는다

사과나무의 일부를 먹는다

사과꽃에 눈부시던 햇살을 먹는다

사과를 더 푸르게 하던 장맛비를 먹는다

사과를 흔들던 소슬바람을 먹는다

사과나무를 감싸던 눈송이를 먹는다

사과 위를 지나던 벌레의 기억을 먹는다

사과나무에서 울던 새소리를 먹는다

사과나무 잎새를 먹는다

사과를 가꾼 사람의 땀방울을 먹는다

사과를 연구한 식물학자의 지식을 먹는다

사과나무 집 딸이 바라보던 하늘을 먹는다

사과에 수액을 공급하던 사과나무 가지를 먹

'딸기를 먹는다'

'비를 맞는다'

'바지를 입는다'

'책을 본다'

'거울을 본다'

'길을 걷는다'

'게임을 한다'

'머리털을 자른다'

'눈을 본다'

등에서 하나를 골라 <사과를 먹으며>처럼 감춰진 이야기를 들추어보자.

는다

사과나무의 세월, 사과나무 나이테를 먹는다

사과를 지탱해온 사과나무 뿌리를 먹는다

사과의 씨앗을 먹는다

사과나무의 자양분 흙을 먹는다

사과나무의 흙을 붙잡고 있는 지구의 중력을
　먹는다

사과나무가 존재할 수 있게 한 우주를 먹는다

흙으로 빚어진 사과를 먹는다

흙에서 멀리 도망쳐 보려다

흙으로 돌아가고 마는

사과를 먹는다

사과가 나를 먹는다

– 함민복, 〈사과를 먹으며〉(세계사, 2003)

다음은 X가 병국이의 학습지를 가져간 이야기다.

"오늘은 정말 충격적인 날이었다. 학교에 와서 자리에 앉아 보니 '국어 공책을 보세요'라는 말이 적혀 있었다. 그래서 국어 공책을 봤더니 누가 내 국어 공책에 붙어 있는 학습지 한 장을 뜯어간 것이다. 그리고 그 밑에는 '난 X라는 인물이야. 정말 미안한데, 네 국어 학습지를 가지고 간다'라는 말이 적혀 있었다. 내가 한 장도 잃어버리지 않고 모아둔 학습지를 다른 애가 가져갔다는 생각을 하니 정말 화가 났다. 당장이라도 가서 그 국어 학습지를 빼앗아 오고 싶었지만, 누군지도 모르니 어쩔 수 없어 참 속상했다."

– 3월 24일(목), 양병국의 일기 중에서

- X가 병국이의 학습지를 가지고 간 이야기를 상상하며, 어떤 이유가 숨어 있을지 꼬리에 꼬리를 물며 따라가 보자.

※ [학생 예시 글]을 참고하여 세 개의 질문과 그 답을 만들어보자.

[학생 예시 글]

① **왜 X는 병국이의 학습지를 가져갔을까** : X가 수행평가 자료를 제출하려는데 다른 학습지는 다 있었지만 그 학습지만 없었다.

② **왜 X의 그 학습지는 없어졌을까** : 병국이가 자신의 학습지를 휴지통에 버렸다.

③ **왜 병국이는 X의 학습지를 버렸을까** : 청소하던 병국이는 학습지가 바닥에 떨어져 있는 걸 보고 쓰레기인 줄 알았다.

주제 찾기 3

1. 친구의 경험에서 떠오른 '이야깃거리'	
2. '이야깃거리'에 대한 처음 감정	
3. '왜 그랬을까' – '이야깃거리'에 숨겨진 이유 질문하기	
4. '왜 그랬을까' 탐색 후 '이야깃거리'에서 느껴지는 또 다른 감정	
5. 말하고자 하는 점	

플롯 짜기를 위한 사전 질문

항목	질문	답변
① 욕구	- 주인공이 원하는 것은 무엇인가? ※ 구체적으로 누가, 어떤 욕구를 가지고 있나?	
② 동기	- 주인공이 원하는 것을 이루고 싶은 이유는? - 주인공이 이러한 욕구를 가지게 된 사연은?	
③ 장애물	- 주인공이 욕구를 쉽게 이루지 못하게 하는 요소는? - 주인공이 겪는 갈등은? - 주인공의 결함은? (심리적, 상황적 요인) ※ 장애물에 번호를 붙인 후 다음 항목인 ④에서 주인공의 대응을 쓴다.	

④ 장애물에 대한 주인공의 대응 [사건화]		- 주인공은 장애물에 어떻게 대처하는가? ※ ③의 장애물에 주인공이 대처하는 모습을 쓰면 사건화가 된다. 사건이 많을 수록 내용이 풍성해진다.	
⑤ 조력자		- 주인공이 욕구를 성취하는 데 도움을 주는 요소. ※ 조력자는 없어도 됨. 조력자가 있어도 반드시 욕구가 성취되는 것은 아님.	
⑥ A와 B 중 하나만 고르기	A 욕구 성취	- ⓐ 주인공의 욕구는 어떻게 성취됐는가? (자신의 어떠한 노력, 조력자 등)	
		- ⓑ 성취 후의 심리 상태는 어떠한가? (만족, 후회, 평온, 꺼림직함, 불안 등)	
		- ⓒ 주인공이 미처 예상하지 못했던 깨달음(성찰)이 있다면? ※ 만약 주인공의 욕구가 성취됐음에도 기쁘지만은 않다면 그 이유는 무엇인가?	

B 욕구 좌절	- ⓐ 주인공의 욕구는 어떻게 좌절됐는가?	
	- ⓑ 좌절 후의 심리 상태는 어떠한가? (만족, 후회, 평온, 꺼림직함, 불안 등)	
	- ⓒ 주인공이 미처 예상하지 못했던 깨달음(성찰)이 있다면? ※ 만약 주인공의 욕구가 좌절됐음에도 나쁘지만은 않다면 그 이유는 무엇인가?	
⑦ 주제	- 주인공의 욕구가 실현 또는 좌절되는 과정을 통해 **주인공이 깨달은 것(성찰)** 은 무엇인가? - 독자는 이 이야기를 통해 인간의 어떤 면을 이해하는 데 도움을 받나? ※ 가급적 완성된 문장 형태로 쓴다.	

⑧ 배경	- 여러 배경 중 하나 이상의 구체적 상황을 만든다. - 시간적 배경(날씨, 계절 등), 공간적 배경 등.	
⑨ 제목	- 제목은 무엇인가?	
	- 제목에 담긴 의미는 무엇인가?	
⑩ 시점	- 누구의 눈을 통해서 이야기가 서술되는가?	
※ 소설의 시작	- 소설을 어떻게 시작하면 좋을까? ※ '소설의 시작'을 고민하면, 플롯을 자연스럽게 구성하게 된다.	

플롯을 고려한 소설 쓰기

A 줄거리 쓰기 : (8문장 내외)	진행 순서

B 플롯 짜기를 위한 사전 질문 항목
자기 점검 체크리스트

① 욕구	② 동기	③ 장애물	④ 장애물에 대한 주인공의 대응	⑤ 조력자(있는 경우)
⑥ 욕구 성취 또는 좌절 (ⓐ 욕구의 성취 또는 좌절 ⓑ 성취 또는 좌절 후의 심리 ⓒ 성찰)			⑦ 주제가 드러난 부분	⑧ 배경 묘사	⑨ 제목

B-1. A(줄거리)의 각 번호 한 개당 4~5줄 쓴다. 대화는 한 줄로 친다.

B-2. [자기 점검] 소설을 다 쓴 후, '플롯 짜기를 위한 사전 질문 요소'에 해당하는 부분을 소설에서 찾아 번호를 쓰고 밑줄을 긋는다.

B-3. [자기 점검]을 통해 스스로 누락된 요소를 추가하거나, 교사의 피드백 후 누락된 요소를 추가한다.

진행 순서	제목 :

C 배운 점, 느낀 점 쓰기

※ 자신이 어떤 평가 요소를 어떻게 잘 구현했는지도 구체적으로 쓸 것.

07 친구의 소설을 읽기 위한 활동지

친구의 소설 읽기

1. 이야기의 줄거리를 간단하게 정리하시오.	
2. 이 이야기를 통해 친구가 하고 싶은 말이 무엇인지 쓰시오.	
3. 어색한 부분이 있으면 구체적으로 찾아 쓰시오.	

참고 문헌

[단행본]

J. 피츠제럴드·R. 메레디트 지음, 김경화 옮김, 《소설작법 I 》, 청하, 2002.

강인수 외, 《소설, 이렇게 쓰라》, 평민사, 1999.

교육사진연구회, 《멈춘 학교, 달리는 아이들》, 우리교육, 1992.

김기찬, 《골목안 풍경 30년》, 눈빛, 2003.

김성진, 《문학교육론의 쟁점과 전망》, 삼지원, 2004.

김원일 외, 《창작이란 무엇인가》, 정민, 1994.

로널드 B. 토비아스 지음, 김석만 옮김, 《인간의 마음을 사로잡는 스무 가지 플롯》,
        풀빛, 2012.

루디 러커 지음, 김량국 옮김, 《사고 혁명》, 열린책들, 2001.

문순태, 《소설창작연습 : 그 이론과 실제》, 태학사, 1998.

문학과문학교육연구소, 《창작교육, 어떻게 할 것인가》, 푸른사상, 2001.

밀란 쿤데라 지음, 권오룡 옮김, 《소설의 기술》, 밀란쿤데라전집 11, 민음사, 2014.

박진욱·김동기, 《평범한 글쓰기》, 우리교육, 2004.

반숙희·박안수, 《갈래별 학생 글모음》, 나라말, 2001.

배재영, 《아이들과 함께하는 재미있는 그림 그리기》, 우리교육, 2004.

송하춘, 《소설 발견》, 고려대학교 출판부, 1999.

스티븐 킹 지음, 김진준 옮김,《유혹하는 글쓰기》, 김영사, 2004.

이남호,《교과서에 실린 문학작품을 어떻게 가르칠 것인가》, 현대문학, 2001.

이남호,《문학에는 무엇이 필요한가》, 현대문학, 2012.

이남호,《문학의 위족 2》, 민음사, 1990.

이남호,《오늘의 한국 소설》, 민음사, 1989.

이미란,《소설창작 12강》, 예림기획, 2003.

이호철,《이호철의 소설창작 강의》, 정우사, 1997.

장석주,《소설 : 장석주의 소설창작 특강》, 들녘, 2004.

장폴 사르트르 지음, 정명환 옮김,《문학이란 무엇인가》, 세계문학전집 9, 민음사,
        2003.

전상국,《소설 창작 명강의》, 문학사상, 2017.

제페토,《그 쇳물 쓰지 마라》, 수오서재, 2016.

조정래,《소설창작, 나와 세계가 만나는 길》, 한국문화사, 2000.

중학생 34명 지음, 한국글쓰기연구회 엮음,《아무에게도 하지 못한 말》, 보리,
        2001.

최용석·정윤혜,《소설쓰기수업》, 나라말, 2006.

최인석,《소설 쓰기의 첫걸음》, 북하우스, 2003.

하근찬 외,《소설 나는 이렇게 썼다》, 평민사, 1999.

한승원,《한승원의 글쓰기 교실》, 문학사상사, 2003.

함민복,《우울氏의 一일》, 세계사, 2003.

핼리 버넷·휘트 버넷 지음, 김경화 옮김,《소설작법 Ⅱ》, 청하, 2001.

허병두,《허병두의 즐거운 글쓰기 교실 1》, 문학과지성사, 2004.

현길언,《소설쓰기의 이론과 실제》, 한길사, 2004.

[논문]

구본희, 〈소설, 이렇게 써봐요〉, 《함께 여는 국어교육》 60호(여름호), 2004.

김근호, 《허구 서사 창작 교육 연구》, 서울대학교 박사학위논문, 2009.

김상욱, 〈2007 개정 국어과 교육과정 속 문학 영역의 비판적 검토〉, 《국어교육》 128, 한국어교육학회, 2009.

김혜영, 〈문학교육과정 교육내용의 변화 양상 고찰-중학교 '문학'영역을 중심으로〉, 《국어교육학연구》 51집 4호, 국어교육학회, 2016.

노진한, 〈창작 교육을 위한 소론〉, 《선청어문》 25집, 서울대국어교육과, 1997.

류수열, 〈2015 개정 국어과 교육과정 문학 영역의 논리〉, 《국어교육학연구》 51집 1호, 국어교육학회, 2016.

류철균, 《한국 현대소설 창작론 연구》, 서울대학교 박사학위논문, 2001.

박종임, 〈국어과 쓰기 영역 '과정 중심 평가' 구체화를 위한 관련 용어 및 특성 고찰〉, 《작문연구》 39집, 2018.

서종훈, 〈2009 개정 국어과 교육과정에 대한 비판적 고찰〉, 《우리말교육현장연구》 5권, 우리말교육현장학회, 2011.

성은혜, 《네러티브 기반 문학교육 연구》, 고려대학교 박사학위논문, 2016.

성은혜, 〈문학 단원 '활동'에 대한 비판적 고찰-고등학교 교과서의 변천사를 중심으로〉, 《한국어문교육》 32호, 고려대학교 한국어문연구소, 2020.

신병문, 〈2007 개정 국어과 교육과정의 현장 중심적 검토-국어 과목 7-10학년을 중심으로〉, 《새국어교육》 81호, 한국국어교육학회, 2009.

우신영, 〈경험서사 쓰기 교육 연구〉, 《우리말교육현장연구》 11집 1호, 우리말교육현장학회, 2017.

우한용, 〈문학교육의 이념과 문학교재론의 방향〉, 《문학과 교육》 5, 한국교육미디어, 1998.

이남호, 〈현행 중등학교 문학교육에 대한 반성〉, 《고려대학교 어문교육연구소 학술발표논문집》, 1998.

이인화, 〈핵심역량 기반 2015 개정 국어과 교육과정의 실행 방안 연구-문학 영역을 중심으로〉, 《새국어교육》 107호, 한국국어교육학회, 2016.

이흔정, 〈Pinar의 쿠레레 교육과정 탐색〉, 《교육방법연구》 14호, 한국교육방법학회, 2002.

전한성, 《경험 서사 창작 교육 연구-자서전 서사 쓰기를 중심으로》, 동국대학교 박사학위논문, 2014.

제갈현소, 〈국어과에서 내러티브적 접근의 적용에 대한 연구〉, 《국어교육연구》 49호, 국어교육학회, 2011.

조한무 외, 〈수업을 돕는 과정중심 평가〉, 《지식플랫폼》, 2020.

최시한, 〈이야기교육에 대하여-개념과 갈래를 중심으로〉, 《한국문학이론과비평》 33집, 한국문학이론과비평학회, 2006.

최용석, 《문학 교육을 위한 창작 수업 연구-소설 쓰기 수업을 중심으로》, 고려대학교 박사학위논문, 2021.

최용석, 〈황순원 단편소설 연구-문학적 지향을 중심으로〉, 고려대학교 석사학위논문, 2013.

최인자, 〈정체성 구성 활동으로서의 자전적 서사 쓰기〉, 《현대소설연구》, 현대소설학회, 1999.

주

1   성은혜, 《네러티브 기반 문학교육 연구》, 고려대학교 박사학위논문, 2016, 184쪽.

2   김근호, 《허구 서사 창작 교육 연구》, 서울대학교 박사학위논문, 2009, 216쪽.

3   경복고등학교 2학년 학생들이 소설 쓰기 전 환기 활동을 한 뒤 제출한 소감문 중 일부다.

4   1998년 국어 수업 시간에 당시 중앙중학교 3학년이던 김두필 학생이 쓴 창작 소설과 작가 인터뷰 글로, 제7차 교육과정 중학교 2-2, 〈5. 창작의 즐거움〉을 집필하며 단원의 제재로 사용했던 것이다.

5   밀란 쿤데라 지음, 권오룡 옮김, 《소설의 기술》(밀란 쿤데라 전집 11), 민음사, 2014, 174쪽.

6   최용석, 〈황순원 단편소설 연구-문학적 지향을 중심으로〉, 고려대학교 교육대학원 석사학위논문, 2013, 1~2쪽.

7   밀란 쿤데라, 앞의 책, 174쪽.

8   경복고등학교 2학년 송○○ 학생의 창작 소설이다.

9   경복고등학교 2학년 김○○ 학생의 창작 소설이다.

10   경동고등학교 2학년 고○○ 학생의 창작 소설이다.

11   로널드 B. 토비아스 지음, 김석만 옮김, 《인간의 마음을 사로잡는 스무 가지 플롯》, 풀빛, 2012.

12   경복고등학교 2학년 소○○ 학생의 창작 소설이다.

13 　학생 예시 글은 고려대학교·한국교원대학교 1종도서 편찬위원회, 앞의 자
　　료, 209~212쪽 응용.

14 　제7차 교육과정 중학교 2-2, 〈5. 창작의 즐거움〉에 수록된 학생 인터뷰.

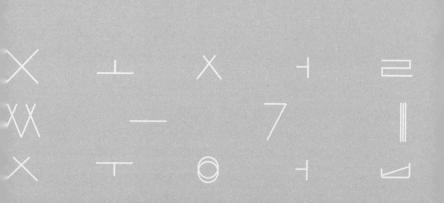